지역 소멸, 대학 소멸, 일자리 소멸,
인구 소멸에 대한 대응 전략

가치 소멸을 넘어서

권혁인 지음

다시 인간을 중심에 놓기

한경사

가치 소멸을 넘어서:
다시 인간을 중심에 놓기

저자 권혁인

발행일 2025년 8월 30일 1쇄

발행처 **한경사**

발행인 이계남

등록사항 제10-1951호 2000년 4월 14일

주소 서울시 마포구 신수로 59-1 (3층)

전화번호 02_717_7264~5

팩스번호 02_717_7226

홈페이지 hankyungsa.co.kr

전자우편 hankyungsa@hanmail.net

ISBN 978-89-6844-547-7 (93320)

가격 20,000원

저자 소개

중앙대학교 경영학부 교수
BK21 문화예술산업혁신연구 단장 역임
한국디지털융합경영학회 회장 역임

저자 **권혁인** 교수는 기술과 인간, 예술과 경영, 도시와 생태라는 상반된 가치들이 어떻게 공존하고 시너지를 낼 수 있는지를 평생 탐구해 온 학자이자 실천가이다.

중앙대학교에서 컴퓨터공학을 전공한 뒤, 프랑스 파리6대학에서 통신공학 박사학위를 받으며 디지털 기술의 최전선에서 연구를 이어왔다. 그러나 그의 관심은 기술 그 자체보다도 '기술이 인간을 어떻게 변화시키는가'에 있었다. 1995년부터 중앙대학교 경영학부 교수로 재직하면서 디지털 융합과 서비스 혁신을 주제로 연구와 교육을 꾸준히 펼쳐왔다.

2000년대 이후에는 문화와 예술의 힘에 주목하여, 교육부 BK21 사업을 통해 문화예술산업혁신연구단을 이끌었고, 중앙대학교 대학원에 문화예술경영학과를 설치하여 이 분야를 국내 최고 수준으로 성장시켰다. 그의 융합 연구는 게임, 문화콘텐츠, 축제, 농업, 에너지, 3D 프린팅 등 다양한 분야에 걸쳐 새로운 가치 창출 모델을 제시하는 데 초점을 맞췄으며, 한국디지털융합학회 회장으로서 학제 간 통섭 연구를 선도해 왔다.

그는 일관되게 "기술 중심의 효율 시대를 넘어, 인간 중심의 지속 가능한 사회"를 향한 사명을 실천하고 있다.

저서로는 『문화예술산업 생태계 서비스 모델』, 『서비스모델』, 『산업융합을 위한 서비스혁신방법론』, 『에코사이언스』 등이 있으며, 두 차례에 걸쳐 융합연구에 대한 공로로 국무총리상과 과학기술정보통신부 장관상을 수상한 바 있다.

『가치 소멸을 넘어서』는 저자가 30여 년간의 연구와 현장 경험을 바탕으로, 기술과 인간, 이성과 감성의 균형을 회복하고 미래 사회의 지속 가능성을 모색하기 위해 써 내려간 성찰과 제안의 기록이다.

차례

이 책의 구성

PART 1에서는 "새로운 가치 창조가 어려운 이유"를 집중적으로 파헤칩니다. 디지털 혁신에 비해 인류의 이해와 제도가 어떻게 뒤처지고 있는지, 그리고 협력 부재가 가치 소멸을 초래한다는 사실을 다룹니다.

PART 2에 인류 역사 속 협력의 진화를 살펴보며 "협력 생태계"라는 개념이 어떻게 과거부터 계속되어왔고, 현대에도 여전히 유효한 지침임을 보여줍니다.

PART 3에서는 디지털과 문화 예술의 융합이 어떻게 혁신의 지평을 넓히는지 구체적으로 살피고, 협력 생태계 전략과 AI를 포함한 디지털 기술의 발전을 연결합니다.

PART 4에서는 혁신 서비스를 설계하는 구체적인 프레임워크—"일곱 가지 요소(서비스 · 고객 · 생태계 · 플랫폼 · 전략 · 제도 · 서비스 전달)"—를 제시하고, 서비스 산업이 제조산업보다 상위 개념으로 작동하는 원리를 설명합니다.

PART 5에서는 이 "혁신 서비스" 개념을 지역사회 문제, 특히 지방 소멸 문제에 적용하여, 청년 일자리 창출과 지역 경제 활성화 전략을 구체적으로 살펴봅니다.

PART 6에서는 AI · 디지털 시대에 새로운 공공성을 어떻게 확장해 나갈 수 있는지, 그리고 미래의 서비스가 어떤 모습으로 진화할 수 있는지를 전망합니다. 끝으로 가치를 다시 되살리고, 국가 간 분쟁을 넘어 인류 공존에 기여할 통합 전략을 강조합니다.

프롤로그

디지털 기술은 가치 생산에 인간의 참여를 배제함으로써 가치 소멸을 가속화함

우리 사회는 지금까지 '효율'이라는 이름 아래 끊임없이 달려왔습니다. 더 많은 생산을 더 빠르고 정확하게 하기 위한 목표로 진보해 온 디지털 기술은 분명 우리의 일상을 혁신했습니다. 그러나 빠르고 편리하게 생산해서 더 많이 공급할 수 있다는 장점 이면에는, 그 효율성만을 좇다가 우리가 하는 활동의 '가치'가 점점 소멸되는 역설적 상황이 펼쳐지고 있습니다. 지방은 대도시에 비해서 가치가 적어졌고, 대도시를 중심으로 활동하는 기업들의 생산 가치는 전반적으로 급속히 소멸되어 왔습니다. 기술은 분명 성능 면에서는 놀라울 만큼 뛰어나지만, 결과적으로 펼쳐지고 있는 전반적인 상황은 인간다운 삶을 풍요롭게 만들고 있는지 되돌아볼 때가 되었습니다.

경제학자 슘페터(Joseph Schumpeter)가 말한 바와 같이, 경제는 '끊임없는 혁신'을 통해 선순환 구조를 이룹니다. 일자리, 제품, 서비스가 새롭게 태어나고, 새로운 수요와 시장이 만들어지면서 사회는 활기를 찾게 됩니다. 그 과정에서 더 진보된 가치가 생겨납니다. 문제는 우리가 추구해야 할 '새로운 혁신'의 가치가 과연 어디에서 비롯되는가입니다. 일률적인 효율 추구가 우리를 머지않아 가치 상실의 늪으로 몰아넣고 있는 지금, 혁신의 본질을 다시금 생각해 봐야 합니다.

인간이 중심이 되어 디지털 기술과 문화 예술을 결합하여 가치생성할 필요 있음

스티브 잡스는 "새로운 가치는 디지털 기술과 문화 예술의 교차점에서 나온다"고 역설했습니다. 이는 옛날 농업과 산업기술이 융합하여 인류 문명이 도약한 과정을 다시 떠올리게 합니다. 농경 기술이 아무리 발전해도, 그것이 사람들의 문화와 삶 속에 내재화되지 않는다면 단순한 생산성 증가에 불과했습니다. 그러나 문화를 풍요롭게 가꾸고 서로 협력하는 사회적 맥락이 결합되자, 농업은 공동체를 번영하게 만드는 혁신의 뿌리가 되었습니다. 새로운 문화를 중심으로 도시화가 진행되었고, 인류의 삶은 진보하였습니다. 지금 우리가 디지털 기술의 힘과 문화 예술적 창의성을 결합해야 한다는 주장은, 마치 옛날 농업 문명이 발흥하던 시기에 기술과 문화가 접목되어 인류의 삶을 근본적으로 바꾸어 놓았던 거대한 변화를 연상시킵니다.

인류는 협력과 공감이라는 '사회적 기술'을 통해 역사를 전진시켜 왔습니다. 뛰어난 신체 능력과 사냥 기술을 가졌던 네안데르탈인은 협업과 공감 면에서 호모 사피엔스에 미치지 못했고, 결국 역사의 무대에서 사라졌습니다. 반면 호모 사피엔스는 서로를 믿고 배려하며, 공동의 목표를 위해 협력하는 과정을 통해 '가치 혁신'

을 이뤄냈습니다. 그들은 약 1만 년 전, 서로의 아이디어와 노력, 감정을 연결해 거대한 전환점인 농업 시대를 열었습니다. 그 이후로 협력의 폭과 깊이가 확대될수록 인류 문명은 발전해 왔습니다.

오늘날 '효율'을 무기로 하는 디지털 시대의 많은 기업들은, 사회·문화적 맥락에서 새로운 의미와 가치를 창출하기보다 '더 빠르고, 더 저렴하고, 더 많이'라는 목표에 집중합니다. 이것은 뛰어난 사냥 기술에만 의존하던 네안데르탈인의 모습과 다르지 않습니다. 반대로, 네트워크 효과와 연결을 통해 새로운 공동체적 가치를 만들어 내는 기업—예컨대 우버, 에어비앤비, 애플의 스마트폰 서비스, 메타(페이스북) 등—은 호모 사피엔스와 닮았습니다. 이들은 '연결'을 통해 고객과 서비스 제공자, 플랫폼과 사용자를 새로운 방식으로 묶어, 단순한 효율이 아닌 새로운 가치 체계를 만들어 냅니다.

AI 시대는 문화적 창조력에 의해서 더 나은 사회가 될 것임

중요한 점은, 우리 모두가 지금 이 혁신의 갈림길에 서 있다는 사실입니다. 인공지능(AI)을 비롯해 각종 디지털 기술이 선사하는 효율은 분명 강력한 도구입니다. 동시에 인류가 오랫동안 길러 온 문화를 새롭게 창조하고 재해석할 수 있는 것은 '인간 고유의 상상력과 공감 능력'입니다. 디지털 기술과 문화적 상상력, 이 양 날개를 어떻게 결합하느냐에 따라 우리의 미래는 달라집니다.

우리가 바라는 미래는, 더 높은 가치를 놓고 서로 다투며 갈등을 증폭시키는 일이 아니라, 신기술과 인간의 감성이 조화를 이뤄 공동의 가치 혁신을 창조하는 길 위에 있어야 합니다. 디지털과 문화를 결합하여 새로운 가치를 만들어내는 것은, 인간이 이룩해 온 문명사적 전환의 또 다른 단계입니다. 이 길 위에서 우리는 더 이상 기존 가치의 분배를 둘러싸고 소모적인 분쟁을 벌이지 않아도 될 것이며, 나아가 인류 파멸을 막고 다 함께 발전할 수 있는 길을 열 수 있을 것입니다.

이 책은 바로 그 새로운 길을 찾기 위해 쓰였습니다. 효율만을 추구하면서 생기는 가치 소멸의 문제를 안타깝게 바라보면서 슘페터가 말한 "지속적인 혁신"을 실질적으로 가능하게 하는 방법을 모색해 보고자 하였습니다. 우리가 가지고 있는 모든 자원을 경제 선순환 구조에 넣어서 새로운 가치를 지속적으로 창조해 나가는 사회를 만드는 데 도움이 되고자 합니다. 주어진 자원을 활용하여 더 나은 가치를 창조해야 하는, '가치 소멸을 넘어서' 나아갈 도전을 시작하고자 합니다.

PART 1

새로운 가치 창조를 가로막는 벽

— 왜 우리는 혁신하지 못하는가?

제1장
혁신의 주체가 사라진 시대

가치 소멸의 물결

여러분은 혹시 '지방 소멸'이라는 단어를 들어보신 적이 있으신가요? 요즘 지역 인구가 급감하고, 지방대학이 무너지고, 농촌은 활기를 잃어 가고 있습니다. 한편으로는 인공지능(AI)과 자동화가 급격히 발달하면서 일자리가 빠른 속도로 줄어드는 모습을 목격하고 있습니다. 이처럼 '가치가 사라진다'는 느낌은 우리 일상 곳곳에서 포착됩니다.

그럼에도 불구하고, 우리는 끊임없이 "혁신이 필요하다"고 외칩니다. 지방이 살아나길, 교육이 달라지길, 새로운 일자리가 생기길, 좀 더 나은 미래가 오길 간절히 바랍니다. 그런데도 '혁신을 이끄는

혁신
누가
어떻게
무엇을
위해
소멸되는 지방

사람이 누구인가?'라는 질문에는 명쾌한 답이 잘 보이지 않습니다. 한때는 혁신의 중심에 '기업가'나 '정부'가 있다고 여겼습니다. 하지만 지금은 마치 디지털 기술이 모든 것을 자동으로 바꾸는 듯 보이고, 정작 주체가 누구인지 알 수 없는 시대가 된 것입니다.

가치가 소멸되는 심각한 부작용이 눈앞에 펼쳐지고 있는데, 과연 이 난국에서 **'누가, 어떻게, 그리고 무엇을 위해 혁신을 해야 할까?'** — 이 장은 바로 그 질문에서 시작합니다.

계획경제에서 과잉생산까지

20세기 초에는 **계획경제**가 이상적인 모델로 여겨지던 시기가 있었습니다. 자본주의 시장의 혼란을 극복하고자 국가가 경제를 계획적으로 이끌면 효율적인 발전이 가능하리라는 믿음이 존재했습니다. 당시에는 생산량을 늘리고 산업을 발전시키는 것이 최우선 과제였기 때문에, 정부나 거대 조직이 **혁신의 주체** 역할을 맡아 자원을 효율적으로 배분하려 했던 것입니다.

하지만 시간이 흐르며 이런 중앙집중식 계획은 비효율과 경직성을 드러냈습니다. 이에 따라 후반기 산업화 시대에는 시장의 자율과 기업가 정신을 중시하는 방향으로 선회하게 되었습니다. 한편, 20세기 후반부터 본격화된 디지털 기술 혁명은 경제의 풍경을 완전히 바꾸어 놓았습니다. 인터넷과 컴퓨터 기술의 발달로 정보와 상품의 생산·유통비용이 급격히 감소했고 마우스 클릭 한 번으로 전 세계에 제품을 판매하거나 엄청난 양의 콘텐츠를 업로드

구분	**계획경제** (1920년대~1980년대)	**시장경제** (1980년대~2000년대)	**디지털 혁명** (2000년대~현재)
경제 시스템	국가 주도의 중앙 집중적 생산과 배분 구조	기업가 정신과 경쟁원리	디지털 기술 혁신
대표적 특징	큰 공장, 관료 체제, 계획표	대량생산 공장, 생산 라인, 소비자 시장 확대	데이터 센터, 로봇, AI, 클라우드 시스템
제품 공급 능력	제한적이고 소규모 생산	대량생산 체제 확립	글로벌 무한 공급 역량
디지털 처리 능력	초기 기계식 계산 장치	개인용 컴퓨터와 인터넷 보급 시작	초연결 스마트 시스템, 클라우드 기반 AI

경제 시스템의 역사적 변천

할 수 있습니다. 그 결과 **디지털 과잉생산 시대(디지털 기술 발달로 인한 공급과잉)**, 즉 수요보다 공급이 넘쳐나는 새로운 국면에 접어들었습니다.

산업경제 시절에는 **가치의 선순환 고리**가 비교적 명확했습니다. 기업이 혁신을 통해 생산성을 높이면 생산 비용이 줄고, 더 많은 상품을 생산해 수익을 낼 수 있게 됩니다. 그 성과는 노동자 임금 상승이나 일자리 창출로 이어져 **소득 분배**가 이루어졌고, 이것이 다시 소비 확대와 신규 투자로 연결되어 경제 전체의 가치 창출을 지속시키는 선순환 구조가 가능했습니다. 요컨대 효율 → 분배 → 재투자로 이어지는 순환 고리가 경제 성장을 뒷받침했습니다.

그런데 디지털 기술은 이런 전통적인 가치 창출의 고리를 흔들어놓았습니다. 예를 들어 소프트웨어를 한 번 개발해 놓으면 추가 복제 비용이 거의 들지 않기 때문에, 소수의 인력으로도 엄청난 가치를 창출할 수 있습니다. 이는 생산성 향상으로 이어지지만, 그 혜택이 과거처럼 널리 확산되지 못하는 문제를 낳습니다. 자동화와 인공지능으로 **노동의 역할**이 줄어들면서, 혁신으로 생긴 부가 골고루 돌아가지 않는 것입니다. 결과적으로 효율은 높아져도 분배가 뒤따르지 않아 경제 순환 고리가 정상적으로 작동하지 않아서 경제 성장이 어려워지고, 곳곳에서 **가치 소멸**로 이어지는 단절이 발생합니다. 디지털 기술의 효율성이 사람들의 삶을 더 풍요롭게 하기보다, 오히려 소득 격차와 **가치 분배 실패**를 낳으면서 사회 전반에 좌절감이나 소외감을 키우고 있습니다.

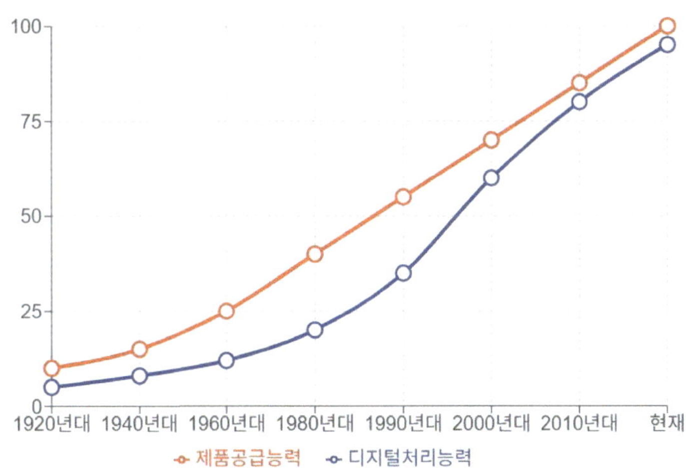

시대별 제품 공급능력 및 디지털 처리능력 변화

혁신이 소수 대기업에 집중되다

디지털 혁신의 또 다른 특징은 **혁신의 주체가 극도로 좁아졌다는 것**입니다. 과거에는 거리의 발명가나 중소기업도 혁신의 주역이 될 수 있다는 믿음이 있었습니다. 그러나 지금 가장 큰 혁신을 주도하는 것은 몇몇 **거대 기술기업**들입니다. 전 세계 시가총액 1위권의 IT 대기업들은 막대한 자본과 인재를 바탕으로 AI, 클라우드, 전기차 같은 새로운 분야를 개척하고 있죠. 이들은 자신들만의 거대한 생태계를 구축해, 스타트업조차 그 생태계 안에서 움직이도록 만들고, 유망 기술이 나오면 재빨리 인수합병(M&A)으로 흡수하기도 합니다. 결국 혁신의 성과와 보상이 특정 기업·특정 계층에 집중되는 **쏠림 현상**이 나타납니다.

브루킹스 연구소의 지아 쿠레시(Zia Qureshi) 선임연구원은 디지털 전환 과정에서 "기술 선도 기업들이 나머지 기업들과 격차를 크게 벌리며 새로운 기술로 인한 수익 대부분을 차지한다. 많은 기업과 노동자가 뒤처졌다"고 분석합니다. 네트워크 효과와 규모의 경제가 뒷받침된 디지털 시장에서는 **승자독식** 경향이 강해, 선도 기업들은 사실상 **자연독점**에 가까운 지위에 오릅니다. 그 결과 혁신의 열매가 널리 확산되지 못하고, 사회 전체의 **역동성**도 떨어집니다. 그림 〈IT서비스업 시장 규모 및 대기업 집중도〉는 우리나라 IT서비스업 상위 10대기업의 시장 점유율의 변화를 보여주고 있습니다.

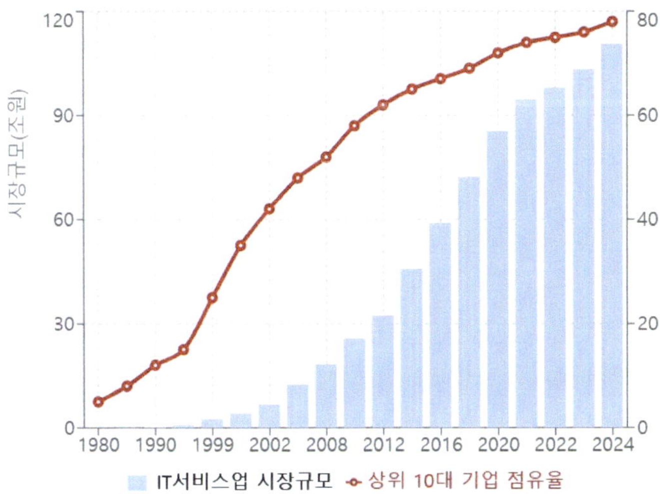

• IT서비스업 시장규모: 1980년 0.05조원 → 2024년 110.8조원 (2,216배 증가)
• 상위 10대 기업 점유율: 1980년 5% → 2024년 78% (높은 집중도 지속)

IT서비스업 시장 규모 및 대기업 집중도

혁신의 주체가 사라지는 원인

문제는 이처럼 기술은 눈부신 속도로 발전하는데, 이에 대한 **인간의 이해와 사회적 대응**이 뒤처지고 있다는 데 있습니다. 미국의 미래학자 앨빈 토플러는 이를 "미래 쇼크(Future Shock)"라고 부르며, 변화의 속도가 인간의 적응 속도를 앞질러 개인과 사회에 스트레스와 혼란을 준다고 설명했습니다. 예컨대 오늘날 우리는 인공지능이 각종 의사결정을 내리는 시대를 살고 있지만, 정작 **일반 대중은 AI 기술의 원리나 영향**을 제대로 이해하지 못하기도 합니다.

이 격차는 **세대 간**으로도 나타납니다. 디지털 네이티브인 젊은 세대는 신기술에 비교적 쉽게 적응하지만, 기성세대나 취약계층은 변화에 소외되는 경우가 많습니다. 혁신의 주체가 되어야 할 사람들이 기술적·사회적 문제를 인식하거나 통제하지 못한다면, 결국 혁신은 소수 집단의 전유물이 되고, 다수는 수동적인 **소비자**로 전락하고 맙니다.

기술과 산업구조가 급변하는 가운데, 이를 **뒷받침해야 할 제도와 교육**은 발 빠르게 대응하지 못하고 있습니다. 법과 제도는 대개 사후적으로 움직이기 마련이라, 플랫폼 노동이나 개인 정보 보호처럼 새로운 문제는 항상 기술 발전보다 늦게 규제가 논의됩니다. 교육 시스템 또한 최신 기술과 노동 시장의 요구를 제대로 반영하지 못해, 기업이 필요로 하는 인재와 실제 배출되는 인력 사이의 **괴리**가 커지고 있습니다. 이는 결국 **혁신의 주체가 사라진 시대**를 더욱 가속화합니다.

전문가 사회의 역설:
늘어난 전문가, 줄어든 협력

현대 사회는 그 어느 때보다 **전문가**가 많습니다. 과학기술의 세분화로 학문·산업별로 수많은 전문 인력이 배출되고, 정보도 방대해졌습니다. 하지만 오히려 서로 다른 분야 간에는 **협력과 융합**이 이루어지기 어렵다는 역설이 나타납니다. 각 분야의 지식이 깊어지면서 자신들의 언어와 방법론을 고수하고, 부서나 부처 간 칸막이가 높아 **사일로**(Silo) **효과**(**부서 이기주의**를 의미하는 용어로 기업 등 조직을 이루는 부서들이 조직의 공동 목표와 이익보다는 자신의 부서의 이익만을 추구하며 다른 부서와의 소통 및 협력을 외면하는 현상을 말함)가 생기기 때문입니다.

한 분야에서 아무리 뛰어난 발견을 해도 다른 분야와 연결되지 않으면 전체적인 **가치 창출**로 이어지지 못합니다. 서로 벽을 허물고 협력해야 새로운 통찰이 나오고, 혁신이 완성되는데, 전문가들이 많을수록 오히려 전문 영역이 쪼개지고 사일로화가 심화될 수 있는 것입니다. 그래서 오늘날 인류가 마주한 복합적 난제(예: 기후위기, 팬데믹, 에너지 전환 등)는 더욱 해결이 어려워 보입니다.

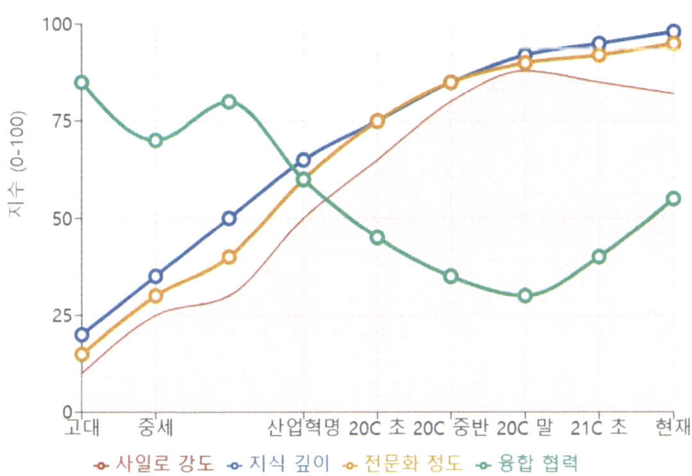

사일로 효과 관련 주요 지표 변화

경제 불평등과 가치 상실의 그림자

디지털 혁신 시대의 그늘로는 심화되는 **경제 불평등**을 빼놓을 수 없습니다. 앞서 살펴봤듯, 혁신의 성과가 일부 기업과 자본 소유자에게 집중되면서 소득 격차가 커지고, 중산층과 취약계층이 상대적 박탈감과 불안을 느끼는 현상이 곳곳에서 나타납니다. 이로 인해 사회 통합과 연대라는 **인간적 가치**가 흔들리고, 개인들은 '내가 존재하는 의미' 또는 '더불어 살아가는 의미'를 찾기 어려워집니다.

핵심 지표: 공급 증가와 소비 능력 격차

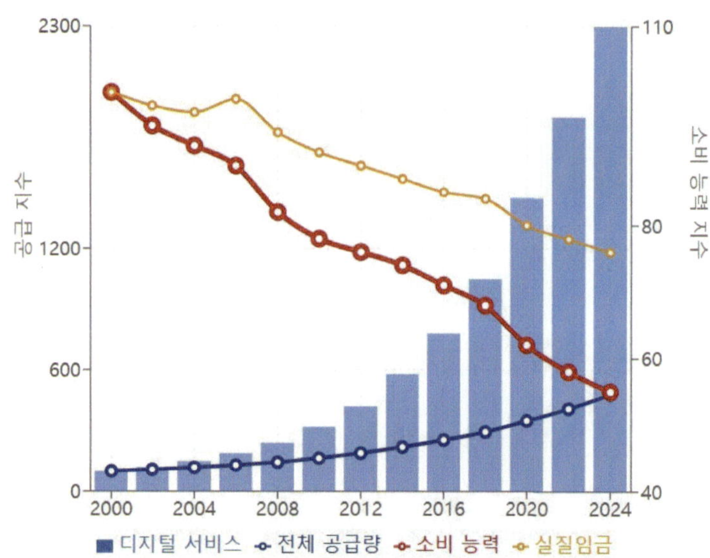

디지털 경제의 역설

공급 증가 vs 소비 능력 감소의 이중 현상

행복경제학의 **이스털린의 역설**(Easterlin Paradox)도 이런 맥락에 시사점을 줍니다. 나라 전체의 소득 수준이 올라도 국민 평균 행복도가 비례하여 높아지지 않는다는 이 연구는, 물질적 풍요와 인간의 행복 혹은 가치가 일대일로 연결되지 않는다는 사실을 보여 줍니다. 즉, 혁신과 발전이 '삶을 더 나아지게 해 줄 것'이라는 기대가 충족되지 않을 때, 사람들은 **가치 상실**을 체감하게 되고, 이는 개인과 공동체 모두를 침체하게 만듭니다.

다시, 인간을 중심에 놓아야 할 때

종합하면, 우리는 과거에 이룰 수 있었던 "효율 → 분배 → 소비·투자 확장 → 지속적 가치 창출"의 선순환 고리가 **깨진 시대**를 살고 있습니다. 혁신과 효율을 통해 생산성을 높이더라도 그 혜택이 사회 전체에 고르게 분배되지 못하고, 일부 계층·기업에만 몰리면서 결국 **가치 소멸**로 귀결되는 사례가 늘어나고 있습니다.

선순환이 단절되면 사람들은 **노력해도 더 나은 삶을 기대하기 어렵다는 박탈감**을 느끼고, 지역사회부터 기업, 학교, 행정 전반에 걸쳐 활력이 떨어집니다. 지방 소멸이나 인구 소멸, 노동 소멸 같은 문제는 단지 한 분야만의 이슈가 아니라, 우리 사회 전 영역이 **가치 창출의 주체**를 잃어버린 결과라고 할 수 있습니다. 혁신이 있어도 '누구를 위한 혁신인가'라는 질문에 명쾌한 답을 하지 못한다면, 우리는 계속되는 위기와 갈등 속에서 **값진 것들**을 더 잃게 될 뿐입니다.

가치 소멸의 원인과 인간중심의 가치혁신

이 책의 제목이 말하듯, 지금은 이러한 **가치 소멸의 시대**를 넘어 다시 **인간을 중심에 놓는 혁신**을 고민해야 할 때입니다. 혁신이란 궁극적으로 "사람이 더 잘 살기 위해 기존 틀을 바꾸는 일"입니다. 사람이 배제되거나 가치를 누릴 주체가 사라진 혁신은 진정한 혁신이라 부를 수 없습니다. 그렇다면 과거 인류 역사에서 우리는 어떻게 협력을 통해 새로운 가치를 창출해 왔을까요? 또 디지털 시대에는 어떤 방식으로 협력이 이루어져야, 잃어 가던 가치를 되살릴 수 있을까요?

2장부터는 '공유'와 '협력'의 필요성을 좀 더 구체적으로 살펴봅니다. "공유의 비극"이 왜 일어나는지, 그리고 그 '공공성' 개념을 디지털 플랫폼과 지식 협력으로 확장하려면 어떤 도전과 과제가 있는지 탐구해 보겠습니다. **가치 소멸의 시대를 넘어, 다시 인간과 지역, 기업, 그리고 공동체가 함께 혁신을 이끄는 길**이 우리에게 남아 있는지를 찾아가는 여정이 본격적으로 시작됩니다.

제2장

공유의 비극과 새로운 공공성

정부의 경제 혁신을 위한 정책은 왜 실패했는가

우리는 지난 10여 년간 '창조경제', '디지털 뉴딜' 등 다양한 정책을 통해 새로운 혁신 동력을 확보하려고 노력해 왔습니다. 정부 차원에서 추진했던 이 정책들은, 비전은 그럴듯하게 제시되었고 겉보기에 혁신적이고 장밋빛 미래를 제시하는 것처럼 보였지만 기대만큼의 성과를 내지 못했습니다. 지금도 지역사회 곳곳에서는 인구 감소와 지방대 몰락, 일자리 부족 등 '가치 소멸' 현상이 여전합니다.

그렇다면 왜 이런 정책들이 제대로 작동하지 않았을까요? **첫째, 정책에 대한 체계적 이해와 현장의 동력이 충분하지 않았습니**

다. 예컨대 '디지털 뉴딜'이나 '창조경제' 같은 담대한 슬로건이 나오긴 했어도, 실제로는 정부·기업·지역사회가 어떻게 협력해야 하는지 구체적인 로드맵이나 실행 거버넌스가 미흡했습니다. **둘째, 수도권과 일부 초거대기업에 편중된 혁신 자원 역시 문제였습니다.** 디지털 기술로 인한 가치 창출 기회가 극히 소수에게만 집중되고, 지역 소멸을 막을 대책은 차후 과제로 밀려났습니다. **셋째, 누구나 공감할 수 있는 목표와 방법, 즉 비즈니스 모델의 제시가 없었습니다.** 기술 분야 사람들은 "정부가 규제만 없애주면 된다"고 생각하고, 정책 입안자들은 "민간이 창조적 아이디어를 먼저 만들어내야 한다"고 맞섰습니다. 결과적으로 아무도 능동적으로 움직이지 않는 '혁신 교착 상태'가 이어진 셈입니다. 창조경제, 디지털뉴딜, 지방 소멸 대응기금 등의 사업이 시간에 쫓기듯 정해진

시간에 예산을 배분하고 누군가 집행하는 것으로 보였습니다. 실제로 지역 문제를 해결할 만한 기관이나 단체가 **지역 공동체 혁신에 앞장서는 사례는 거의 없었습니다.** 한편, 기술을 내세우기만 하면 '정책 성공'이 자동으로 따라올 것이라는 지나친 낙관도 문제였습니다.

그 결과, **수도권·초거대기업 편중 현상**은 더욱 심화되었고, 지역사회와 중소기업들은 혁신에 참여하기 어려운 구조가 되었습니다. 이는 마치 "공유의 비극"이 근대적·디지털적 형태로 재현되는 것과 같습니다. 기존 자원은 크게 흔들리지 않는 것 같아 보여도, 실은 겉으로 드러나지 않는 **구조적 소멸**이 점차 진행되는 셈입니다. 공유를 잘하면 경제가 풍요로워지고 잘하지 못하면 황폐해지는 공유의 비극이 현대사회에서 일어나고 있는 것입니다.

전문가의 한계, 융합의 부재

"그 분야 전문가는 많은데 왜 성과가 나지 않을까?"라는 질문은 흔히 듣는 말입니다. 이는 혁신이 단순히 '전문가의 숫자'나 '기술개발 성과'로만 달성되지 않음을 보여줍니다. 오히려 전문성은 불필요한 장벽을 만들기도 합니다. 각기 다른 분야의 전문가들은 자신의 영역에만 몰두하며, 협력하는 방법은 모르는 경우가 대부분입니다. 기술·인문학·문화·예술·경영 등 다양한 시각을 융합하지 못하고, 서로 간에 소통의 언어가 없기 때문입니다.

예를 들어 '지방 소멸'을 해결하겠다고 말은 하면서도, 정작 문화 예술 전문가와 기술 개발자, 행정 담당자, 지역주민들이 **한자리에 모여서** 함께 논의할 기회는 크게 부족했습니다. 서로가 가진 전문성과 경험을 연결해야만 지속 가능한 비즈니스 모델이 나오는데, 이런 연결고리가 사전에 설계되지 않은 상태에서 정책이 추진되다 보니 한계가 분명할 수밖에 없었습니다.

이처럼 "융합의 부재"가 가져온 결과는, 우리가 1장에서 살펴본 것처럼 '가치 소멸'을 더욱 가속화하는 방향으로 이어지고 있습니다. 지역의 대학은 전통적인 학문 체계를 유지하기에 바쁘고, 기업은 당장의 생존을 위해 노조나 임직원과 갈등을 빚으며 단기 이익에 집중합니다. 정부는 새로운 정책 아이디어를 내지만, 현장의 피드백과 긴밀하게 연결되지 못해 공허한 구호로 끝나고 맙니다.

공유의 비극, 그리고 합의되지 않은 미래

미국 생태학자 가렛 하딘(Garrett Hardin)이 1968년에 발표한 「공유재의 비극(The Tragedy of the Commons)」은 인간이 공동으로 사용하는 자원을 무분별하게 사용하면 결국 모두가 손해를 본다고 경고했습니다. 물론 디지털 시대에는 무한히 확장 가능한 자원(데이터, 소프트웨어, AI 알고리즘 등)이 많아 보이지만, **실제 기회와 역량**은 특정 기업·지역·계층에 집중되는 양상을 보입니다. 디지털을 이용해서 만들어질 수 있는 공유재를 특정 계층이 자신들의 입맛대로, 즉 자신들만의 최대의 이익을 위해서 사용하고 있다는 측면에서 공유재에 대해서 통제되지 않는 남용으로 볼수도 있다는 것입니다.

여기서 중요한 점은 "디지털 자원 자체는 늘어나도, 이를 활용할 수 있는 주체의 역량이 공평하게 분배되지 않는다"는 사실입니다. 인프라나 교육, 제도적 지원이 부족한 지역에서는 첨단 기술이 있더라도 활용하기가 쉽지 않습니다. 공공성의 확장을 통해 더 많은 사람과 조직이 이 자원에 접근해야만, 디지털 시대가 약속하는 '무한한 가능성'이 현실이 될 수 있습니다.

그러나 현장의 모습은 어떨까요? 한편에서 정부는 "창업, 혁신, 스타트업 육성"이라는 구호를 외치지만, 다른 한편으로는 지역에서 실질적으로 활동할 인력과 자금, 제도는 부족합니다. 비용을 줄이고 연결을 통해서 새로운 가치를 창출하기 위한, 즉 **협력하고 공유해야 할 자원**이 "아직 내 것이 아니다"라는 이유로 방치되고 있습니다. 선택되지 못한 자원들이 방치되어 공유의 가치가 생성되지 못하고 소멸의 길로 들어서는 것입니다.

한편, 엘리너 오스트롬(Elinor Ostrom)의 「**공유의 비극을 넘어**(Governing the Commons: The Evolution of Institutions for Collective Action, 1990)」는 전 세계 다양한 사례 조사를 통해 사람들이 공유 자원을 실제로 어떻게 관리해 왔는지를 분석한 책입니다. 오스트롬은 이 연구로 2009년 노벨 경제학상을 수상하기도 했습니다. 오스트롬은 "**공유 자원의 파괴가 불가피한 것은 아니며, 적절한 규범과 제도, 그리고 참여자들의 자발적이고 협동적인 거버넌스(治理) 구조가 갖춰지면 충분히 지속 가능한 관리가 가능**하다고 보았습니다. 지역 공동체나 자원 사용자들이 직접 규칙과 제도를 만드는 "자조적(Self-Governance)" 접근을 통해 공유 자원을 오랫동안 안정적으로 관리할 수 있음을 여러 실증 사례로 보여주었습니다.

제러미 리프킨(Jeremy Rifkin)은 전통 제조업 모델이 극도로 효율화되면서 **생산 단가가 사실상 0(제로)에 가까워질 때** 우리는 자본주의 자체가 새로운 형태로 전환된다고 말했습니다. 즉, 더 이상 "소유"가 아니라, "공유와 협력 네트워크"가 가치 창조의 주 무대라는 뜻이지요. 이 논리는 제조 시대의 한계가 분명해진 지금, 우리의 정책 방향에도 시사점을 줍니다. 지역이 새로운 활력을 찾으려면, 이전처럼 기업 몇 곳이 '공장과 고용'을 책임지는 방식이 아니라, 공유와 협력을 기반으로 **새로운 가치를 창조**해야 한다는 것입니다.

희망하지만
합의되지 않은 미래
DATA
AI
SOFTWARE
DATA
SOFTWARE
정책실패
가치소멸

디지털 시대, 협력의 부재가 낳은 단절

우리가 1장에서 지적했듯이, **전문성의 깊이**는 때로 더 깊은 혁신을 견인하지만, 이질적 영역 간 **소통이 없으면 혁신 속도가 떨어지고** 더 큰 가치 창출에는 실패하게 됩니다. 헨리 체스브로(Henry Chesbrough)의 "Open Innovation(열린 혁신)" 이론은, **기업이 외부 아이디어와 협력하지 않는 한, 스스로 한계를 돌파하기 어렵다**는 점을 강조했습니다. 이는 지역사회나 공공정책에도 마찬가지로 적용됩니다. 지자체나 정부가 시민, 전문가, 기업과의 '열린 혁신'을 적극적으로 설계하지 않으면, 아무리 '창조경제'라는 타이틀을 붙여도 탁상공론으로 끝나기 십상입니다.

기업 중심의 제조경제에서는 **자체 공장**, R&D, **유통망**을 독점적으로 운영하는 것이 경쟁 우위를 보장했습니다. 그러나 디지털 전환 시대에는 오히려 **개방 플랫폼**을 통해 고객, 스타트업, 기타 파트너들의 역량을 결집하는 전략이 주효합니다. 보스턴대학교의 마샬 반 앨스타인(Marshall Van Alstyne)과 다트머스대학교의 제프리 파커(Geoffrey Parker), 그리고 컨설턴트인 상기트 폴 초더리(Sangeet Paul Choudary)가 "Pipelines, Platforms, and the New Rules of Strategy"에서 말했듯, "플랫폼을 구축하고 연결성을 높이는 전략"이 새로운 경제 모델의 핵심입니다.

그렇다면 지역사회는? 수도권에 비해 기술과 자본이 부족한 지역은, 더더욱 '개방'과 '공유'를 활용해 **플랫폼 방식**으로 역량을 키워야 합니다. 개별 기업 하나가 대기업 수준의 역량을 갖추기는 어렵지만, 지자체와 여러 중소기업, 대학, 그리고 주민이 협력해 **네트**

워크와 생태계를 형성하면, 서로가 필요한 자원과 아이디어를 교환하며 상승 작용을 낼 수 있습니다. 이것이 바로 "새로운 공공성"의 씨앗이 될 수 있습니다.

자원의 공유와 '새로운 공공성'을 향한 도전

공유경제(Sharing Economy)는 단순한 트렌드가 아니라 **생산·유통·소비 방식 전체가 재편되는 과정**입니다. 제조업 시대에는 기업이 모든 자원을 '소유'하거나 통제해야 했지만, 이제 디지털 시대에는 개인과 개인이 직접 연결되고, '플랫폼'이 이들의 거래와 협력을 **매개**합니다. 문제는, 이러한 공유경제 모델이 **지역·공동체 단위**로 연결되지 못하고, 대도시나 특정 거대 플랫폼만의 성공 스토리가 되는 것에 있습니다.

이 지점에서 '공공성(Publicness)'이 중요해집니다. 지역 차원에서 공공이 주도하거나, 다양한 이해관계자를 모아 "우리 지역의 문제를 함께 해결하자"라는 틀을 만들어야 비로소 **공유 자원**(데이터, 공간, 지식, 자본 등)이 활발히 돌아가기 시작합니다. 공유의 비극은 "무분별한 사용"에서만 오는 게 아니라, "아예 제대로 활용하지 못해 방치"되는 데서도 일어납니다. 흔히 '유휴자원(遊休資源)'이라고

부르는, 비어 있는 건물이나 미활용 인력, 지역 축제와 같은 문화 요소들도, 어느 한 주체가 독점하거나 아니면 그냥 가만히 두면 그 잠재력은 발휘되지 않습니다.

창조를 위한 협력, 새로운 공공성의 조건

혁신은 결코 혼자서 이룰 수 없다는 점에서, 협력은 '선택'이 아니라 '필수'입니다. 특히 지방 소멸과 가치 소멸이 가속화되는 상황에서, 공유 자원(디지털 기술·지식·플랫폼)을 어떻게 공공의 이익과 연결시킬지에 대한 구체적 전략이 필요합니다. (이 문제에 대한 전체적인 개념 설명은 6장과 7장에서 자세히 다룹니다.)

공유 자원이 자유롭게 이동하고 협력할 수 있으려면, 정부나 지자체가 단순히 예산만 지원하는 게 아니라, 공공 데이터를 개방하거나, 지식재산권 정책을 유연하게 바꾸고, 지역 주민과 소규모 기업이 주체가 될 수 있도록 **제도적 인센티브**를 마련해야 합니다.

헨리 체스브로의 '**오픈 이노베이션**'처럼, 내부(공무원·지자체 직원)만으로는 해결할 수 없는 아이디어를 외부 커뮤니티, 대학, 스타트업, 예술가들과 연계해야 합니다. 이 과정에서 중요한 것은 "누가 주도하고, 누가 참여하는가?"입니다. 주도권을 갖는다고 해서 외부의 아이디어를 잘라내서는 안 되며, 참여자는 참여자대로 **명확한 가치**를 얻을 수 있어야 합니다.

파커·반 앨스타인·초더리의 연구인 "Pipelines, Platforms, and the New Rules of Strategy"에서 강조된 바와 같이, 한쪽

(예: 공급자나 기업)에서만 가치를 만드는 게 아니라 **모든 참여자가 플랫폼을 통해서 상호작용을 하면서 지속적으로 가치를 만들고 교환**할 수 있도록 설계해야 합니다. 이는 사업뿐 아니라 지역사회, 공공서비스에서도 마찬가지입니다.

정리하자면, 디지털 시대에 인류가 맞닥뜨린 "공유의 비극"은 더 이상 목초지나 하천 같은 물리적 자원에만 국한되지 않습니다. 이제 **데이터 · 지식 · 네트워크**처럼 무형 자원도 비극의 무대가 될 수 있으며, 반대로 협력을 통해 어마어마한 시너지를 발휘할 수도 있습니다. 제러미 리프킨이 말한 "한계비용 제로 사회"로 가는 길이 곧 **장밋빛 미래**를 보장하지 않는다는 사실을, 우리는 지역 소멸과 가치 소멸의 현장에서 통감하고 있습니다.

플랫폼과 디지털 기술은 모든 사람이 창작자이자 소비자가 될 수 있는 가능성을 열어 줍니다. 그리고 헨리 체스브로의 '개방형 혁신', 요하이 벤클러의 '피어 생산(Peer Production)', 파커 · 반 앨스타인 · 초더리의 '플랫폼 생태계 전략' 같은 개념들은, **새로운 공공성**을 형성하는 실질적 경영 · 정책 프레임워크를 제시합니다.

앞으로 우리가 풀어나갈 숙제는 명확합니다. **어떻게 협력하고, 어떤 제도와 문화를 만들어, 디지털 자원을 효율적이면서도 공공적으로 활용할 것인가?** 이 과제를 해결한다면, 지방 소멸 문제도, 제조 시대의 한계를 뛰어넘고자 하는 산업전략도 훨씬 탄력을 받을 것입니다. 이제 다음 장에서는 **인류 역사에서 협력이 어떻게 발전해 왔으며**, 이것이 오늘날의 디지털 생태계와 어떻게 맞닿아 있는지 좀 더 깊이 살펴보겠습니다.

공유
새로운
자원
새로운
공공성
플랫폼
전략
PLATFORM
STRATEGY
열린 혁신

PART 2

인류 역사에서 배우는 진화의 핵심

— 협력

제3장 인류의 진화와 협력의 역할

협력이 우리를 인간답게 만들었다?

고고학자와 인류학자들은 오랫동안 "호모 사피엔스(Homo Sapiens)가 어떻게 지구상의 다른 인간 종(種)들을 제치고 최종 생존자가 되었을까?"라는 질문을 고민해 왔습니다. 우리가 흔히 인류의 '사촌' 정도로 알고 있는 네안데르탈인(Neanderthals)은 체격이 더 크고, 뇌용량도 비교적 컸으며, 무리 사냥에도 능했다고 합니다. 그럼에도 그들은 어느 순간 역사 속에서 사라졌습니다. 어떤 이는 "환경 변화에 적응하지 못해서"라고 하고, 어떤 이는 "호모 사피엔스의 잔혹한 경쟁" 때문이라고 주장하기도 합니다.

그러나 최근 연구는 **'협력'**과 **'공감'** 능력에서 큰 차이가 있었다고 설명합니다. 호모 사피엔스가 **집단적 협력과 지식의 공유**를 활발히 진행하면서 점차 더 복잡하고 거대한 공동체를 만들었다는 것입니다. 같은 무기를 쓰고 같은 동굴에 살더라도, "서로 도우며 정보를 나누는 종"과 **"각자 생존에만 집중하는 종"** 사이에는 점점 더 큰 격차가 생길 수밖에 없습니다.

결국 인류의 시작에서부터 협력은 **생존의 첫 전략**이자, **문화를 발전시키는 데 필수적인 토대**였습니다. 오랜 시간 동안 축적된 '협력의 유전자'가 농업, 도시 문명, 제조산업, 그리고 오늘날의 디지털 시대를 이끌었다고 볼 수 있습니다.

수렵 시대: 경쟁과 협력의 탄생

원시 인류가 수렵·채집 생활을 하던 시절, 자연환경은 혹독했을 것입니다. 먹잇감을 사냥하는 것이 전부인 시대에 협력이 가능할까 싶지만, 이때 이미 '협력의 싹'이 보이기 시작했습니다. 맹수와 맞서거나 대형 동물을 사냥하려면 **개인 혼자서는 버거운** 일이 많았기 때문입니다. 다른 무리보다 조직적으로 움직이는 집단이 생존율이 높았고, 사냥감의 분배와 함께 맺어진 유대감이 점차 문화적 전통으로 굳어졌습니다.

이 시기의 협력은 주로 '생존을 위한 불가피한 선택'에 가까웠습니다. 물론 오늘날처럼 사냥 후의 고기를 어떻게 다 같이 나누는지가 매우 중요했을 것입니다. 일부 학자들은, 이 시기에 이미 **인간의 공감 능력**이 발달했다고 봅니다. "상대방이 굶주려 있으면 고

기를 조금이라도 나눠준다"는 생각은 살아남기 어려운 사냥·채집 환경 속에서 **집단 전체를 안전하게 유지**하는 데 큰 도움이 되었을 것입니다.

농업과 잉여: 협력에서 도시로

농업이 시작되면서 인류는 **정착 생활**을 하게 되었습니다. 이는 단순히 먹을거리를 안정적으로 확보한 것뿐 아니라, 협력의 범위가 확장되는 계기가 되었습니다. 농사를 짓다가 남은 곡물(잉여)을 저장하고, 그 과정에서 **노동 분업**이 생겨나고, 또 남는 생산물을 교환하면서 거래가 발생합니다. 이렇게 생긴 **잉여와 분업**은 나중에 도시가 탄생하는 중요한 원동력이 되었습니다.

농경 생활이 자리 잡으면서 인간 사회는 더욱 **복잡한 협력 체계**가 필요해졌습니다. 씨앗을 뿌리고, 경작하고, 저장하는 역할이 달라졌고, 이를 지휘하는 누군가가 필요했습니다. 때로는 분쟁이나 갈등이 생기면 중재자도 있어야 하고, 외부로부터 침입이 있을 때는 함께 싸워야 했습니다. 이렇듯 **농경 사회**는 더 넓은 지형에서 사람들의 생활을 안정적으로 유지하고, 협력 규모도 수십 명에서 수백·수천 명으로 늘어나게 했습니다.

제조 시대: 제도와 제국, 그리고 '공유의 비극'

역사는 도시와 국가가 형성되면서, 농업을 기반으로 한 '관리 체제'가 자리를 잡았습니다. 이때부터 제조와 무역이 활발해졌고, 단순히 "우리는 농사 잘 지어 먹고살면 돼"가 아니라 "잉여 농산물이 있으니 농사만 하지 말고 도자기를 만들거나 금속 공예품을 만들어 다른 지역과 교역하자"라는 식으로 사회가 진화했습니다.

협력도 한층 복잡해졌습니다. 수백 명 규모의 마을에서 벌어지던 협력은 이제 수만, 수십만, 나아가 국가 단위로 확장되었지요. 동시에 "공유 자원을 어떻게 관리하느냐"의 문제가 대두되었습니다. 역사적으로, 이러한 자원 관리 실패가 불러온 결과가 전쟁·기근·역병 등 사회적 재앙이었습니다. 결국 안정적인 협력을 위해서는 **제도와 통치기구**가 필요해졌고, 여러 지역에 걸친 운송·유통망도 발전하게 되었습니다.

하지만 여전히, 물적 · 인적 자원을 잘못 운영하면 “공유의 비극”이 일어날 수밖에 없었습니다. 이 시기를 연구하는 역사학자들은, 강력한 제국이 생겨나고 또 사라지면서, 인류가 **어떤 방식으로 협력을 지속했으며** 어떤 방식으로 갈등을 해결했는지를 주목합니다. 협력이 제대로 이뤄지지 않으면 사회 전체가 무너지는 사례가 반복적으로 나타났기 때문입니다.

디지털 시대: 협력의 재구성과 ‘가치’의 재발견

현재 우리가 직면한 **디지털 시대**에서도 협력은 다시 관심의 초점을 받고 있습니다. 과거에는 하드웨어 제조와 대량생산 기술이 핵심 경쟁력이었지만, 지금은 **아이디어와 지식**, 그리고 이들을 묶어 내는 연결(Connectivity)이 중요해졌습니다.

스티브 잡스는 "기술과 인문학이 교차하는 지점"에서 혁신이 나온다고 말했습니다. 이는 협력의 현대적 해석과 다르지 않습니다. 기술자, 디자이너, 예술가, 경영인 등이 서로 영감을 주고받는 생태계가 있어야 새로운 가치가 탄생한다는 뜻이니까요.

오픈소스 소프트웨어, **공유경제 플랫폼** 등은 거대한 협력의 실험실입니다. 과거에 상상하기 어려웠던 규모와 속도로 전 세계가 연결되어, 자원을 공유하고 공동으로 발전시키고 있습니다.

여기서 중요한 교훈은, **역사가 보여준 협력의 원리**가 여전히 유효하다는 사실입니다. 네안데르탈인과 호모 사피엔스의 사례부터 농업혁명, 제조 시대의 번영과 몰락까지, 핵심은 모두 "어떻게 협력

의 효율을 높이고 가치를 창출할 것인가"였습니다. 디지털 시대라 해서 달라질 것은 없습니다. 오히려 인공지능(AI)이나 자동화 기계가 늘어남에 따라, **인간이 더욱 서로 협력하고 연결**해야만 새로운 일자리와 가치를 만들 수 있기 때문입니다. 이것이 우리가 눈여겨봐야 할 핵심 포인트입니다. 눈에 보이는 공유재만이 아니라 디지털로 연결함으로써 우리가 공동으로 만들어낼 수 있는 공유재가 도처에 늘려 있다는 것입니다. 주변에 있는 소재들을 연결하여 공유가치를 창조하는 집단은 생존에서 유리한 위치를 차지할 것이고 그렇지 못한 집단은 소멸로 인도될 것이 분명합니다.

연결된 협력, 새로운 가치의 시대: '신호모사피엔스'가 열어갈 미래

과거 수렵 시절의 협력은 **생존을 위한 본능적 행위**였습니다. 농업 시대와 도시의 탄생은, 협력을 통해 사회가 커지고 **잉여 가치**를 만들어내는 과정을 보여줬습니다. 제조 시대의 발전과정에서는 협력의 규모가 국가·제국 단위로 커지면서, **제도와 통치 구조**가 어떻게 협력을 제도화했는지 확인할 수 있습니다.

디지털 시대에 우리는 새로운 자원(데이터, 지식, AI)을 다룹니다. 하지만 여전히 "어떻게 공유하고 협력해야 하는가?"라는 질문은 유효합니다. 이는 곧 우리가 "무엇을 지향하는가"를 다시 묻는 일이기도 합니다. 더 나은 세상을 원한다면, 개인의 이익을 넘어 **집단 지혜**를 모을 수 있는 장치를 적극 도입해야 합니다. 이것은

"협력 생태계 전략"을 이해하는 데 핵심적인 배경이 될 것입니다.

산업 시대에 본격 등장한 기업의 개념은 전통적인 지역 기반의 경제공동체에서 태어났지만 디지털 시대에는 지역의 범위를 완전히 벗어나 글로벌 환경에서 경쟁만을 중시하거나 경제적 이익에만 몰두하는 '신(新)네안데르탈인'이 되어버렸습니다. 이들은 시시각각 변하는 시장환경에서 자신들만의 목표에만 집중하기 때문에, 주변의 자원과 인재를 끌어들이거나 새로운 아이디어를 수용하는 능력이 제한적입니다.

반면, 페이스북·우버·에어비앤비·애플 생태계처럼 디지털 플랫폼을 통해 개인·기업·지역이 유기적으로 연결된 존재들을 '신(新)호모사피엔스'라 부를 수 있습니다. 이들은 자발적으로 정보를 공유하고, 함께 서비스를 개발하며, 시장과 커뮤니티의 경계를 허

무는 새로운 협력 체계를 만듭니다. 단 한 개의 기업이 아니라, 수많은 참여자가 느슨하면서도 긴밀하게 결합된 새로운 조직 형태입니다. 지역 소멸, 인간 가치 상실 등 가치 소멸을 넘어서 지속가능한 경제체제를 구축하기 위해서는 신호모사파엔스라는 새로운 종족의 역할에 기대를 해 볼 수 있을 것입니다. 연결을 통한 공유가치체계는 새로운 형태의 지역공동체, 새로운 가치 생산을 목적으로 하는 공동체, 지방의 마을, 리조트까지도 될 수 있습니다. 이들은 기존 산업을 넘어, 사람들의 일상과 생활공간 전반을 혁신하는 힘을 가질 수 있을 것입니다.

제4장
협력 생태계로 바라본 역사적 전환

협력 생태계의 탄생: 개인과 공동체가 만들어 온 가치 혁신

인류가 긴 세월을 거치면서 "어떻게 함께 살아왔는가"를 돌아보면, 공통된 키워드가 바로 **협력**입니다. 수렵 시대부터 농업 시대를 거쳐 제조 시대에 이르기까지, 사람들이 힘을 합쳐 살아간다는 것은 단지 "내가 부족한 걸 남이 채워준다"는 수준을 넘어섰습니다.

그러나 18세기 산업혁명 이후 자본주의가 확산되면서, 인류 사회는 '경쟁'을 핵심 동력으로 삼는 새로운 패러다임에 접어들었습니다. 아담 스미스의 '보이지 않는 손' 이론에서 시작된 자유시장 경제는 개인의 이익 추구가 전체 사회의 번영으로 이어진다고 보았고, 다윈의 진화론이 사회에 적용되면서 '적자생존'과 '무한경쟁'이 발전의 원동력으로 여겨졌습니다. 20세기 산업사회는 이러한 경쟁 논리를 극대화했고, 기업 간 경쟁, 국가 간 경쟁, 개인 간 경쟁이 성장과 혁신의 필수 조건으로 받아들여졌습니다.

하지만 21세기 디지털 시대에 들어서면서, 순수한 경쟁만으로는 해결할 수 없는 복잡한 문제들이 대두되었습니다. 기후변화, 팬데믹, 디지털 격차, 플랫폼 독점 등은 개별 주체의 경쟁적 노력만으로는 극복하기 어려운 과제들입니다. 오히려 서로 다른 능력과 자원을 가진 개인·조직이 모여 **새로운 가치를 창출**할 수 있는 구조가 형성될 때, 우리는 그것을 '협력 생태계(Cooperative Ecosystem)'라고 부를 수 있습니다.

이는 산업 시대의 '제로섬 게임'적 사고에서 벗어나 '윈-윈'의 가치 창출을 추구하는 패러다임의 전환을 의미합니다. 자연 생태계를 떠올려 보면, 각 생명체가 고유의 역할을 하면서도, 서로 연결되어 전체의 균형과 풍요를 만들어 내는 모습을 상상할 수 있습니다. 협력 생태계도 이와 유사하게, **각자의 역량이 모여 커다란 시너지를 만드는 환경**이라 할 수 있지요.

역사를 살펴보면, 협력 생태계가 잘 돌아가는 사회는 **지속적으로 발전**해 왔습니다. 반면 **과도한 경쟁으로 인한 사회적 분열**, **자원의 독점적 집중**, **단기적 이익 추구로 인한 지속가능성 훼손** 등의 문제에 직면한 사회들은 장기적 번영을 이루지 못했습니다. 무분별한 갈등과 자원 고갈, '공유의 비극' 상황에 빠진 사회는 **급속한 몰락**을 피하기 어려웠습니다.

협력 생태계의 탄생
개인과 공동체가 만들어 온 가치
AI
수렵 시대
농업 시대
제조 시대
디지털 격차
플랫폼 독점
디지털 시대
협력 생태계가 절실한 디지털 시대

특히 산업 시대 후기에 나타난 극심한 불평등, 환경파괴, 사회적 신뢰 붕괴 등은 경쟁 중심 패러다임의 한계를 여실히 보여줍니다. 결국 협력 생태계를 어떻게 디자인하고 운영하느냐가 **포스트 산업사회의 문명과 공동체 발전 방향**을 결정하는 핵심 과제가 된 셈입니다.

'공유의 비극'을 넘어선 제도혁신: 역사 속 성공 사례

가렛 하딘(Garrett Hardin)이 말한 "공유의 비극(The Tragedy of the Commons)"은, 공동으로 사용하는 자원이 제대로 관리되지 않을 때 발생하는 문제를 정확히 짚어 냈습니다. 그러나 인류의 역사에는, '공유 자원'을 효율적으로 관리하고 발전시킨 성공 사례 역시 곳곳에 존재합니다.

역사를 살펴보면 공유자원을 성공적으로 관리한 사례들을 쉽게 찾을 수 있습니다. 중세 유럽의 길드는 장인들이 기술과 시장 정보를 공유하며 품질 기준을 유지했고, 메소포타미아와 중국의 관개 협동조합은 물 분배와 치수 기술을 공동으로 관리했습니다. 알프스 지역의 공동목장 시스템은 수백 년간 생태계 보전과 경제적 이익을 동시에 달성해 왔습니다. 현대에도 핀란드의 노키아 클러스터, 덴마크의 풍력 에너지 협동조합, 브라질 쿠리티바시의 통합 도시계획 등이 협력적 거버넌스의 성공 모델을 보여주고 있습니다. 이러한 사례들은 단순한 역사적 에피소드가 아닙니다. 공동체가 협력하여 공유 자원을 잘 관리하면, 오히려 시장 중심의 자원 경쟁보다 더 큰 가치를 창출할 수 있음을 보여주는 것입니다. 더 나아가 이들 사례는 경제적 효율성, 사회적 형평성, 환경적 지속가능성이 상호 대립하는 것이 아니라, 적절한 협력 제도 하에서는 상호 보완적으로 발전할 수 있음을 증명합니다.

공유자원을 성공적으로 관리한 주목할만한 서례로 어촌 공동체의 어장관리를 들 수 있습니다. 노벨경제학상을 수상한 엘리너 오스트롬(Elinor Ostrom)의 연구로 널리 알려진 이 사례는, 공유의 비극이 어떻게 극복될 수 있는지를 생생하게 보여줍니다. 이 사례에서는 어부들이 공유하는 어장(漁場)을 **자율 규칙**으로 운영하는 모델입니다. 각자 이익만 추구하면 금방 어장이 황폐해지기 쉽지만, 룰을 정하고 그 룰을 어기면 불이익을 주는 구조를 만든 결과, 장기간 풍부한 어획량을 유지할 수 있었습니다. 엘리너 오스트롬은 그의 저서에서 이러한 공유를 성공적으로 유지하는 핵심요소들을 '지속가능한 경제의 디자인 원리하고 하였으며, 여덟 가지로 설명하고 있습니다. 이것들을 경영학적인 용어로 설명하면 '비즈니스 모델' 디자인이라고 압축하여 설명할 수 있으며, 내용의 상당부분은 '제도혁신'으로 설명할 수 있습니다. 즉 더 나은 경제는 이해관계자들이 공유하기 위한 혁신적 비즈니스 모델을 설계해야 하고 다수가 참여하는 만큼 새로운 질서를 위한 제도혁신이 있어야 한다고 설명할 수 있습니다.

오스트롬의
지속 가능한 경제 디자인 원리
명확한 경계
설정
지역 여건에
부합하는 규칙
참여적 의사결정
구조
외부 권위로부터의
자율성 보장
감시 시스템
점진적 제재
분쟁 해결
메커니즘
중첩된 조직 구조
(복층 구조의 거버넌스)

자연 생태계로부터 배우는 지속가능한 경제를 위한 협력의 지혜

우리가 살펴보는 '협력 생태계'는, 자연 생태계와 유사한 면이 많습니다. 자연은 수많은 생명체와 자원이 서로 연결되어 있습니다. 한 종(種)이 완전히 사라지거나 과하게 번식하면 생태계 전체에 큰 균형 파괴가 일어납니다. 사람과의 관계에서도, 협력의 구조가 무너지면 비슷한 일들이 벌어납니다.

상호부조와 공생. 자연에서는 **청소물고기와 상어의 공생**, **개미와 진딧물의 상호부조** 같이 서로 다른 종이 각자의 이익을 위해 협력하면서 결과적으로 생태계 전체가 안정화됩니다. 인간 사회에서도 **대기업과 협력업체**, **대학과 지역 산업체**, **시민사회와 정부** 간의 건강한 파트너십이 이와 같은 원리로 작동합니다.

대체 가능성과 복원력. 한 종이 사라져도 다른 종이 그 역할을 부분적으로 대체할 수 있는 '생태계 회복력(Resilience)'이 중요한데, 사회적으로도 특정 대기업 혹은 소수 거대 조직에만 의존하지 않도록 중소기업 · 지역사회 · 시민단체 등이 함께 참여하는 **다양성**이 필요합니다. **2008년 금융위기 때 지역 은행과 협동조합이 큰 은행들의 공백을 메운 사례**나, **코로나19 팬데믹 시기 지역 공동체가 글로벌 공급망 차질을 보완한 경험**이 이를 보여줍니다.

자체 조절(Feedback Loops). 과도하게 늘어난 종은 곧 먹이가 부족해지면서 스스로 개체 수가 줄어드는 식의 피드백이 일어납니다. **포**

식자-피식자 관계의 순환, **계절별 번식 주기의 조절** 등이 그 예입니다. 사회적 협력에도 비슷한 메커니즘이 적용되어야 합니다. **과도한 독점**이나 **편중**이 발생하면, 제도나 규범을 통해 균형을 맞추는 장치가 작동해야 합니다.

적응적 진화. 자연 생태계는 환경 변화에 따라 공진화(Coevolution)를 통해 함께 발전합니다. **꽃과 벌의 진화**, **기주식물과 나비의 공진화**처럼, 한쪽의 변화가 다른 쪽의 적응을 촉진하며 전체 시스템이 발전합니다. 협력 생태계도 **기술 변화**, **사회적 요구**, **환경적 도전**에 따라 참여 주체들이 함께 학습하고 적응할 때 지속가능한 발전이 가능합니다.

생태적 지위. 자연에서 각 종은 고유한 생태적 지위(Ecological Niche)를 차지하여 **과도한 경쟁을 피하면서도 전체 시스템에 기여**합니다. 사회적 협력 생태계에서도 각 참여자가 **자신만의 독특한 역할과 전문성**을 발휘할 수 있는 환경을 조성하는 것이 중요합니다. **덴마크의 재생에너지 생태계**에서 대기업, 중소기업, 연구기관, 정부 기관이 각각 다른 역할을 맡아 시너지를 창출하는 것이 좋은 예입니다.

물질순환과 에너지 흐름. 자연에서는 **영양소 순환**, **탄소 순환** 등을 통해 폐기물이 다른 생명체의 자원이 됩니다. 협력 생태계에서도 **순환경제 모델**, **지식 공유 플랫폼**, **자원 재활용 네트워크** 등을 통해 한 주체의 부산물이 다른 주체의 투입 자원이 되는 구조를 만들 수 있습니다.

자연 생태계로부터 배우는
지속 가능한 경제체제
상호부조와 공생
공생: 서로에게
이익을 주고받다.
대체 가능성과 복원력
다양성: 중소기업, 지역은행
협동조합 등
SHOP
BANK
CO-OP
자체 조절(피드백 루프)
과도한 독점 방지
적응적 진화
공진화: 꽃과 벌, 기주식물과
생태적 지위
각 종의 고유 역할:
테마파크 재생 에너지
물질순환과 에너지 흐름
탄소순환, 자원 재활용,
순환경제
공생으로 지속 가능한 미래를 열다

오늘날 하나의 기업, 조직, 개인이 스스로만의 이익에 몰두하다 보면, 주변과 생태계를 형성하기보다 '필요할 때만 잠시 협력'하는 경향이 두드러집니다. 이러한 **단발성·임시적 협력**은 문제해결에 일시적으로 도움이 될 수 있으나, 장기적으로는 **협력 생태계**를 약화시킵니다. 자연에서 보듯이, **서로 긴밀히 연결된** 시스템에서야 비로소 **지속적인 가치가 창출**될 수 있습니다.

자연 생태계의 가장 중요한 교훈은 '경쟁과 협력이 대립하는 것이 아니라 상호 보완적'이라는 점입니다. 자연에서도 생존을 위한 경쟁은 존재하지만, 그것이 생태계 전체의 안정성과 풍요로움을 해치지 않도록 **무수히 많은 협력 메커니즘**이 작동합니다. 인간 사회의 협력 생태계도 이러한 자연의 지혜를 학습하여, **건전한 경쟁이 전체 시스템의 발전으로 이어지는 구조**를 만들어 나가야 할 것입니다.

디지털 시대와 협력 생태계 전략

20세기 후반부터 시작된 디지털 혁명은 초기에 주로 효율성 향상과 비용 절감을 목표로 발전해 왔습니다. 제조업체들은 자동화를 통해 인력을 줄이고, 금융기관들은 ATM과 온라인 뱅킹으로 지점 직원을 대체했으며, 유통업체들은 셀프 계산대와 무인 시스템으로 전통적인 일자리를 없애왔습니다. 이러한 '효율화를 통한 경쟁 우위 확보' 전략은 단기적으로는 비용 절감과 수익 증대를 가져왔지만, 장기적으로는 **제품의 가치 하락**, **대량 실업**, **소득 불평등 심화**, **지역 경제 붕괴** 등 심각한 사회적 부작용을 초래했습니다.

특히 인공지능과 로봇 기술의 발전은 이러한 문제를 더욱 가속화하고 있습니다. 단순 반복 업무뿐만 아니라 고도의 인지적 작업까지 기계가 대체하면서, 기존의 '기술 발전 → 새로운 일자리 창출' 패턴이 깨지고 있습니다. **결과적으로 비용 절감을 통한 가치 혁신이 실제로는 사회 전체의 가치 소멸을 불러오는 역설적 상황이 벌어지고 있습니다.**

디지털 시대는 물리적 자원보다 데이터, 지식, 플랫폼 등이 더 큰 영향력을 행사합니다. 제조 산업이 번성하던 시절에는 공장과 설비, 부품이 최우선 자원이었지만, 이제는 네트워크에 참여해 의미 있는 데이터를 생산·소비·재생산하는 역량이 성패를 가릅니다. 이러한 흐름을 "플랫폼 경제"나 "공유경제"라고 부르기도 합니다.

하지만 현재의 플랫폼 경제는 진정한 협력 생태계와는 거리가 멀다는 것이 문제입니다. 우버, 에어비앤비, 각종 IT 플랫폼 등이 협력 생태계의 일부라 할 수 있지만, 실제로는 플랫폼 독점을 통한 새로운 형태의 착취 구조를 만들어냈습니다. 운전자들은 플랫폼 없이는 고객을 만날 수 없고, 호스트들은 플랫폼의 알고리즘에 의존해야 하며, 소상공인들은 배달 플랫폼의 수수료 정책에 휘둘리고 있습니다.

그러나 진짜 중요한 것은, **"이 플랫폼들이 과연 협력 생태계를 지향하고 있는가?"**하는 문제입니다. 특정 대기업만 이득을 독식하고, 사용자나 소규모 공급자는 소모품처럼 쓰이는 구조라면, 궁극적으로 협력 생태계가 아니라 '신(新) 공유의 비극'이 될 수도 있기 때문입니다.

인공지능 시대의 진정한 도전은 기술적 혁신이 아니라 사회적 혁신입니다. 인공지능이 인간의 능력을 대체하는 것이 아니라 인간의 능력을 확장하고 증강하는 방향으로 발전할 때, 그리고 그 혜택이 소수에게 독점되지 않고 공동체 전체에 골고루 분배될 때만이 기술 발전 자체도 지속가능할 수 있습니다.

미래의 협력 생태계 전략은 어떻게 잡아야 할까요?

연결(Connection)의 가치 극대화. 과거엔 자원과 자본을 독점하는 편이 유리했으나, 지금은 **연결**이 경쟁력을 좌우합니다. 하지만 단순한 연결이 아니라 **상호 이익이 되는 연결**이어야 합니다. 지역의 중소기업, 대학, 문화 예술인, 그리고 시민들이 플랫폼과 결합해 자발적으로 협력할 수 있도록 **제도·문화적 환경**을 만들어야 합니다.

개방(Open Innovation)과 공정성(Fairness). 헨리 체스브로(Henry Chesbrough)가 말한 '개방형 혁신'처럼, 외부 파트너와 지식·기술을 공유하는 것은 필수적입니다. 동시에 **공정한 룰**이 있어야 개방이 남용되거나 특정 주체의 독점으로 이어지지 않습니다. **리눅스 오픈소스** 생태계나 위키피디아 모델은 개방성과 공정성이 어떻게 지속가능한 협력을 만들어내는지 보여주는 대표적 사례입니다.

인간 중심의 기술 설계. 기술이 인간을 대체하는 것이 아니라 **인간의 창의성과 협력 능력을 증강**하는 방향으로 발전해야 합니다.

상호이익(Win-Win) 기반의 설계. 생태계 참여자들이 협력의 결과물을 공정하게 나눌 수 있는 메커니즘이 중요합니다. 예컨대, 성과가 잘 나타나면 기업·주민·공공기관이 이익을 공유하거나, 반대로 위험과 비용을 분산하는 모델을 만들어야 지속성이 유지됩니다. 독일의 재생에너지 협동조합 모델이나 이탈리아의 사회적 협동조합 같은 사례는 기술 혁신과 사회적 가치 창출을 동시에 달성하는 방법을 보여줍니다.

지속가능성(Sustainability). 자연 생태계와 마찬가지로, 무분별한 자원 소모나 단기 성과에 매달리는 협력은 오래가지 못합니다. 디지털 자원도 잘못된 정책과 편중된 소유 구조로 인해 **가치가 소멸**될 수 있음을 인식해야 합니다.

공동체 회복력(Community Resilience) 강화. 코로나19 팬데믹은 지역 공동체의 회복력이 얼마나 중요한지 보여주었습니다. 디지털 기술은 지역 자급자족 능력을 강화하고, 분산형 생산 네트워크를 구축하며, 지역 내 순환 경제를 활성화하는 데 활용되어야 합니다.

결국 인공지능과 같은 혁신 기술이 진정으로 지속가능하려면, 기술 자체의 발전뿐만 아니라 그 기술을 활용하는 사회 시스템이 건강해야 합니다. 소수의 기술 독점과 다수의 소외가 아니라, 모든 구성원이 기술의 혜택을 누리고 기술 발전에 기여할 수 있는 **협력 생태계를 구축할 때만이 기술 혁신도 사회 발전도 함께 지속될 수 있을 것입니다.**

협력 생태계 전략의 핵심 성공 요소

기술혁신과 사회 발전의 지속 가능성은
협력 생태계에 달려 있습니다.

연결

상호 이익 기반의 연결 구조

개발과 공정성

오픈소스 · 오픈지식
모델 사례

인간 중심의 기술 설계

AI와 디지털 기술이 인간의
협력 · 창의력 증폭

상호 이익의 설계

모든 이해 관계자가 성과와
위험을 공정하게 분담

지속 가능성

장기적 자원 순환,
공동체 회복력 강화

공동체 회복력

지역 지급 · 분산형
네트워크, 협동조합 사례

새로운 시대를 위한 통찰:
협력과 생태계 전략의 현대적 의미

협력 생태계는 신기술의 문제가 아니라, 인간 공동체의 근본적인 생존 전략임을 다시 한번 확인할 수 있습니다. 인류 역사에서 협력을 잘해 온 집단은 발전을 거듭했으며, 그렇지 못했던 집단은 무너져 내려 역사의 뒤안길로 사라졌습니다. 디지털 시대가 되었다고 해서 이 원리가 사라지지 않습니다. 오히려 기술이 발전할수록, 협력의 범위는 더욱 넓어지고, 책임감과 필요성도 커지게 됩니다.

협력은 선택이 아니라 필수. 대량생산이 주도하던 제조 시대에도 기업과 국가 간 협력은 중요했지만, 적어도 공장 하나만으로 충분한 경쟁력을 유지할 수 있는 시절이 있었습니다. 이제는 그마저도 어려워졌습니다. AI, 빅데이터, 플랫폼 기술, 문화 예술 콘텐츠 등 **다양한 영역이 융합**되지 않으면 소비자·시민의 욕구를 만족시키기 힘듭니다.

협력 생태계 전략은 협력의 장(場)을 마련하고, 거기에서 다수의 참여자가 자발적으로 가치를 창출하도록 유도하는 것. 그리고 그 과정에서 생기는 성과와 위험을 균형 잡힌 방식으로 분배하는 것. 이것이 협력 생태계 전략의 핵심입니다. **한계비용 0에 가까워지는 시대**에, 디지털 기술 덕분에 생산·유통 비용이 극도로 낮아지는 시점에도, 인간적 가치는 저절로 보장되지 않습니다. 자원의 대량생산보다 중요한 것은 **자원을 어떻게 나누고 협력하여 새로운 가치를 만들어 내는가**이기 때문입니다.

정리하자면, 협력 생태계로 바라본 역사적 전환은 결코 낯선 이야기가 아닙니다. 자연 생태계를 통해 배우고, 우리 역사 속 수많은 예시에서 검증된 원리가 현대의 디지털 환경에도 고스란히 적용되고 있을 뿐입니다. 다만 규모와 속도, 그리고 연결성 면에서 예전에 비해 훨씬 커지고 빨라졌을 뿐입니다. 이제 기업만이 아니라 지자체, 지역사회, 예술가, 대학, 시민단체 등이 **함께 생태계를 구성**해야 하는 시대가 되었습니다. 이를 위해서는 "가치 창출"을 최우선 목표로 삼되, **지속가능성과 공정성**을 함께 추구하는 정책 · 제도 · 문화가 뒷받침되어야 합니다. 이것이야말로 "공유의 비극"을 반복하지 않고, "협력 생태계의 선순환"을 만들어 가는 길이라고 할 수 있습니다.

협력 생태계 전략

협력은 선택이 아니라 필수

(AI, 빅데이터, 문화예술 등의 융합 필요)

협력 생태계 전략의 핵심

참여자 다수가 자발적으로 가치 창출

가치 창출

자원의 대량 생산보다 중요한 것

가치 창출 · 지속 가능성 · 공정성

역사적 · 자연 생태계 교훈

협력 + 공유

시대적 확장

기업, 지자체, 지역사회, 예술가, 대학, 시민단체 등이 함께 생태계 구성

'공유의 비극'을 넘어서 **협력 생태계**를 만드는 길입니다.

PART 3

디지털과 문화 예술의 융합

— 가치혁신의 새로운 지평

제5장
디지털 기술의 힘과 문화 예술의 감성

디지털 시대가 가져온 혼란

산업기술에 의한 성장이 한계에 다다른 시점에서, 디지털 기술은 인류에게 또 한 번의 커다란 '도약의 기회'를 가져다주었습니다. 스마트폰과 인공지능(AI), 사물인터넷(IoT) 등은 이미 우리의 일상에 깊숙이 스며들어, 다양한 편의를 제공하고 있습니다. 그러나 동시에 일자리가 급속히 줄어들고, 사회적 · 경제적 불확실성이 커지는 역설적 상황이 전개되고 있습니다.

가장 큰 이유 중 하나는 디지털 기술이 기존 산업의 효율을 높이는 방식으로 주로 활용되어 왔기 때문입니다. 공장을 자동화하여 인력을 절감하고, '빅데이터 분석'으로 마케팅 비용을 최소화

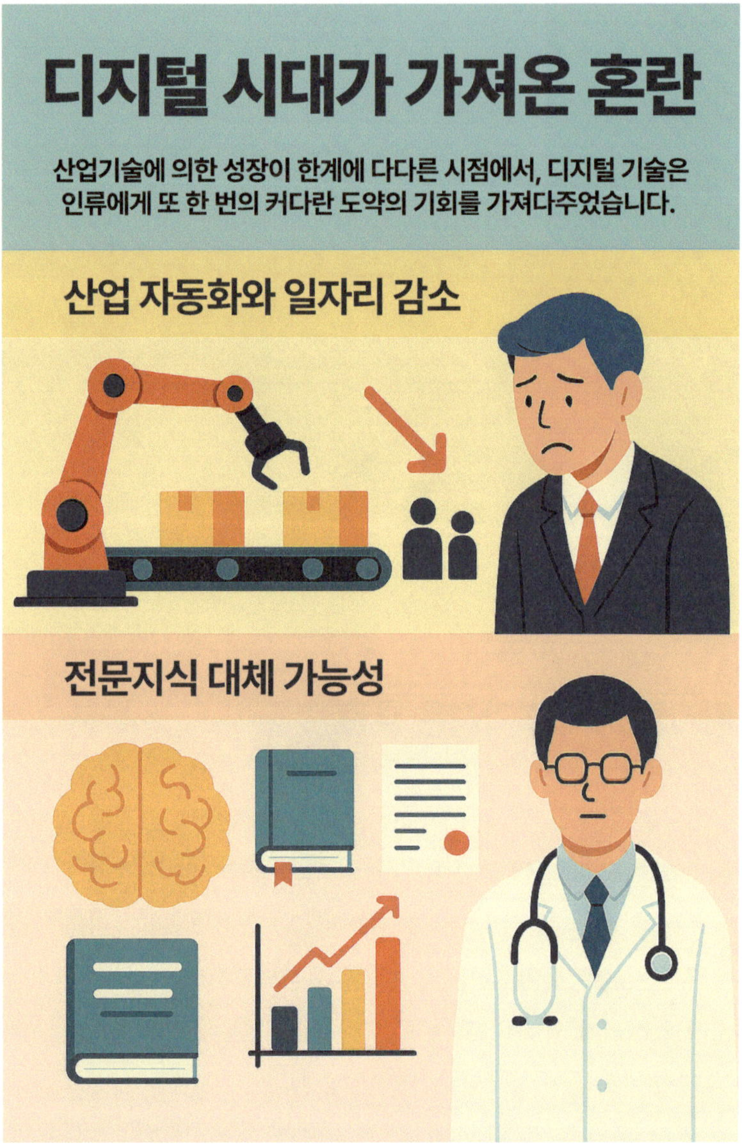
디지털 시대가 가져온 혼란
산업기술에 의한 성장이 한계에 다다른 시점에서, 디지털 기술은
인류에게 또 한 번의 커다란 도약의 기회를 가져다주었습니다.
산업 자동화와 일자리 감소
전문지식 대체 가능성

하며, AI 챗봇으로 고객 서비스를 빠르게 해결하는 식입니다. 물론 이는 기업의 비용 절감과 서비스 향상을 가능하게 합니다. 하지만 '효율'을 지나치게, 그리고 빠르게 추구하는 과정에서 '인간적인 가치'가 설 자리를 잃고 있다는 점이 문제입니다.

최근 급속도로 발전하고 있는 인공지능 기술은 더 나아가 전문 지식 분야도 빠르게 대체할 수 있다는 전망을 불러일으킵니다. '분업'에 적합한 일자리는 이제 가히 로봇이나 알고리즘의 몫이 되어가고 있습니다. 단순 반복 업무부터 전문직 영역까지, 대체 가능성이 높아지면서 고학력자의 고용안전조차 불안정해졌습니다. 많은 사람이 "생산성 향상만으론 새로운 일자리가 생기지 않는다"라는 사실을 실감하고 있습니다.

기술이 바꾸는 일자리와 생활

산업 시대에는 효율성이 곧 경쟁력의 핵심이었습니다. 대량 생산 체계를 기반으로, 단순화된 공정에서 더 저렴하고, 더 빠르게, 더 많이 만드는 것이 기업 성패를 좌우했습니다. 그러나 디지털 시대의 핵심 경쟁력은 '새로운 가치를 창출하는 능력'으로 이동하고 있습니다. 그 과정에서 '이전에는 존재하지 않던 일자리'가 창출되는가, 또는 '비용을 최소화하기 위한 자동화로 이어지는가'가 디지털 기술이 초래하는 양면성을 결정짓습니다.

경제학적으로 보면, 디지털 기술이 가져온 생산성 향상은 시장 전체의 '총가치'를 높이거나 재분배하는 방향으로 작동할 수도 있지만, 반대로 생산물의 가치가 하락하고 일자리가 줄어드는 파괴적 효과를 낳을 수도 있습니다. 문제는 이미 전 세계적으로 공급과잉 현상이 벌어지고 있다는 점입니다. 이는 디지털 기술로 인한 효율 극대화가 '가격 하락 → 가치 소멸 → 고용 축소'라는 악순환으로 이어질 가능성을 높입니다.

그렇다면 돌파구는 무엇일까요? 디지털 기술을 '효율화'가 아닌 '혁신적 서비스 개발' 쪽에 적극 활용하는 길이 있습니다. 예컨대 플랫폼 비즈니스 모델에서 새로운 생태계를 만들어내고, 그 안에서 다양한 참여자들이 협력과 경쟁을 통해 전에 없던 서비스를 제공한다면, 높은 부가가치가 발생할 수 있습니다. 이는 결과적으로 '경제 선순환'으로 이어져 일자리 창출과 공동체 발전의 기회로 작동합니다. 대표적인 예로 스티브 잡스(Steve Jobs)가 이끈 스마트폰 서비스혁신을 들 수 있습니다. 애플(Apple)의 스마트폰 서비스 생태계는 기술 혁신이 어떻게 '창조경제' 일자리를 폭발적으로 늘릴 수 있는지를 가장 선명하게 보여줍니다. 앱스토어(App Store)가 열린 2008년 이후 전 세계 개발자 · 디자이너 · 음악가 · 일러스트레이터 · 영상 크리에이터 등 문화콘텐츠 종사자들이 모바일 무대에서 작품을 수익화할 수 있게 되었고, 2024년 한 해 미국 내 앱스토어 생태계가 직접 촉발한 매출은 수천억 달러에 달했습니다. 기본적으로 스마트기기를 통해서 접하는 모든 것이 글, 그림, 영상, 사운드인 것을 보면 예술작품뿐만 아니라 우리가 접하는 거의 모든 것이 새로운 문화의 창조로 이어지고 있습니다.

또 하나의 사례로 에어비앤비(Airbnb)의 '숙박 + 경험(Experiences) 플랫폼'은 기술을 매개로 현지 문화 예술을 서비스에 직조해 고용을 확장한 사례를 들 수 있습니다. 2025년 여름 대규모 개편에서 에어비앤비는 '에어비앤비 서비스(Airbnb Services)'와 재설계된 경험(Experiences) 섹션을 선보이며, 숙소 인근에서 셰프와 요리를 배우거나 뮤지션과 재즈 세션을 즐기는 등 지역 예술가·문화기획자가 직접 수익을 얻는 구조를 강화했습니다. 브라이언 체스키 CEO는 이를 "여행을 넘어 일상 속 문화 커넥터가 되기 위한 진화"로 규정하며, 플랫폼 내부에서만 수만 개의 창작자·가이드·퍼포머용 신규 마이크로-비즈니스가 열렸다고 밝혔습니다.

이러한 사례들은 플랫폼-생태계 전략을 통해 디지털 기술을 효율화 도구가 아닌 가치창출 인프라로 전환했고, 서비스 자체에 문화 예술적 의미와 체험을 깊숙이 삽입했으며, 그 결과로 새로운 직업군과 지역 기반 소득원을 동시에 확장했다는 점에서 많은 시사점을 줍니다. 따라서 디지털 기술을 '혁신적 서비스 개발'에 집중시키면 "가격 하락 → 가치 소멸 → 고용 축소"의 악순환을 끊고, 문화콘텐츠 중심의 고부가가치 일자리라는 선순환 고리를 만들 수 있음을 보여줍니다. 이는 당신이 제안하는 협력 생태계 전략과 정확히 궤를 같이하며, 지역경제·창의산업·문화관광 분야에도 폭넓게 응용될 수 있습니다.

기술이 바꾸는 일자리와 생활

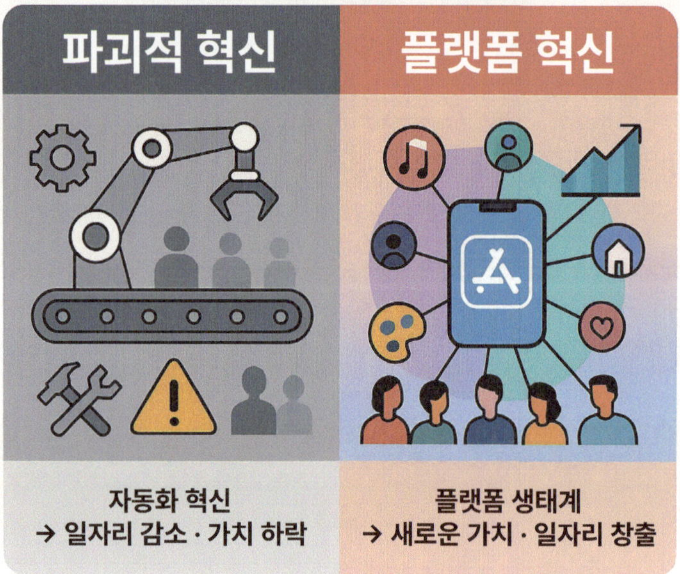

가격 하락 → 가치 소멸
고용 축소

혁신 서비스 → 가치 창출
고용 확장

가격 하락
가치 소멸
고용 축소

혁신 서비스
가치 창출
고용 확장

문화 예술이 전해 주는 감성의 힘

이 지점에서 우리가 다시금 주목해야 할 것이 바로 **문화 예술**입니다. 과거 산업화 단계에서 문화·예술은 흔히 '부가적인' 또는 '사치스러운' 영역으로 여겨졌습니다. 하지만 디지털 시대가 요구하는 '새로운 가치'는 인간의 오감을 만족시키고, 감정적·심리적 만족을 창출하는 서비스가 되리라는 점이 점점 분명해지고 있습니다.

예를 들어, 스마트폰이 초창기에 주목받은 이유는 단순히 '휴대폰으로 인터넷을 할 수 있다'는 기능적 측면 때문만이 아닙니다. 손 안에서 소통, 정보, 음악, 게임, 예술 작품 감상 등 다양한 '문화적 경험'을 즉시 할 수 있게 되었기 때문입니다. 음악 애호가들을 만족시키는 사용자 친화적 디자인과 콘텐츠 공급자(음악 출판사, 작곡가 등)들을 연결하는 새로운 플랫폼을 설계한 스티브 잡스의 혁신이 대표적 사례입니다.

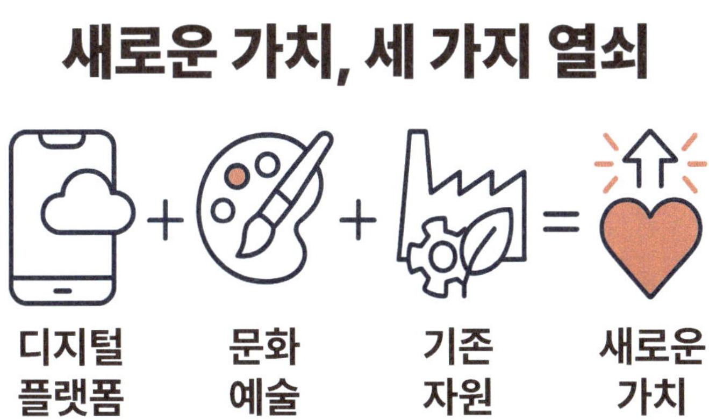

문화 예술은 인간의 '욕망'을 자극하고, 상상력을 북돋우며, 삶의 질을 향상시킵니다. 이러한 심리적·사회적 욕구는 경제가 어려워질수록, 오히려 더 간절해집니다. 이를 테면 도시재생이나 문화도시 사업이 문화 예술 중심의 이벤트나 공간 조성에만 그치지 않고, **디지털 기술과의 융합, 도시·지역의 기존 산업과 연계**를 꾀한다면, 훨씬 더 높은 가치를 창출할 수 있습니다.

오래된 지역 공장을 활용해 예술가들이 작품 활동을 하고, 이를 디지털 플랫폼으로 전 세계에 소개하는 사례는 이미 보편화되고 있습니다. (디지털 플랫폼 + 문화 예술 + 기존의 자원 = 새로운 가치 창조)의 공식은 지역 경제 활성화뿐 아니라 '지역 고유의 문화'가 글로벌 무대로 확장되는 기회가 됩니다. 관광, 부가상품 판매, 교육 프로그램 등이 자연스럽게 연결될 가능성도 큽니다.

협력 생태계 전략과 예술 융합

영국 전(前) 문화·커뮤니케이션·창조산업부 부장관 에드 베이지(Ed Vaizey)가 말했던 "흩어진 경제활동의 통합이 곧 창조경제"라는 문장은, 문화 예술적 요소와 디지털 기술을 한데 엮어 새로운 '협력 생태계'를 만드는 핵심 가치를 잘 보여줍니다. 즉, 산발적으로 존재하는 아이디어와 인재, 자원들을 하나로 결집해 새로운 서비스나 상품을 탄생시키는 데에 문화 예술의 감성이 큰 역할을 할 수 있다는 뜻입니다.

이러한 협력 생태계 전략은 단독 기업이 모든 것을 독식하는 구조가 아니라, 여러 이해관계자가 참여해 각자의 전문성을 기여하며 상호 이익을 추구하는 시스템입니다. 디지털 플랫폼을 통해 누구나 손쉽게 참여하고, 문화 예술 콘텐츠가 사람들의 관심과 공감을 불러일으키며, 공동체와 환경을 고려한 지속 가능한 운영을 지향하는 것이 핵심입니다.

- **문화 예술이 주도하는 스토리텔링:** 사람들은 단순한 제품이나 서비스보다, 스토리가 담긴 '경험'을 소비하고 싶어 합니다. 브랜드에 깃든 예술적 요소와 감성적 가치는 디지털 시대에 더욱 강력해집니다.
- **디지털 플랫폼을 통한 연결:** 스마트폰 앱이나 웹 플랫폼을 통해 생산자, 소비자, 투자자, 지자체, 예술가 등이 긴밀하게 연결될 수 있습니다. AI나 빅데이터 분석으로 고객 맞춤형 경험을 제공하고, 각 지역 특색을 살린 문화·예술 콘텐츠를 쉽게 유통시킬 수 있습니다.
- **공유가치와 협력:** 과거에는 "공유자원 = 자원의 낭비"로 이어지는 '공유의 비극'이 우려되었으나, 디지털 시대에는 창조활동의 핵심 자원인 '지식'과 '콘텐츠'를 다양한 방식으로 협력·공유함으로써 새로운 시장을 창출할 수 있습니다. 마이클 포터(Michael Porter)가 제안한 '공유가치 창출(CSV)' 개념이 여기서 중요한 단서를 제공합니다.

다시 인간을 중심에 놓기

결국, 기존의 자원과 함께 디지털 기술과 문화 예술의 감성을 융합한다는 것은 **"효율"을 넘어 "인간적 가치"로 초점을 옮기는 일**입니다. 기술 자체는 우리가 '무엇을' 추구하느냐에 따라 좋은 동반자가 될 수도, 혹은 더 심각한 가치 소멸을 야기하는 요소가 될 수도 있습니다.

만약 디지털 기술을 비용 절감이나 무한 생산에만 사용한다면, 이미 과잉 상태의 시장을 더욱 빠르게 압박해 '가치 소멸 구조'를 가속화할 것입니다.

반면, 사람들의 감성과 욕구를 충족시킬 **새로운 서비스**에 도전한다면, 디지털 기술은 무궁무진한 가능성을 열어주는 플랫폼으로 작동합니다.

농업 시대와 산업 시대를 거치며 발전해 온 다양한 기술과 문화 예술 콘텐츠, 그리고 디지털 기술의 융합은 '새로운 가치'가 싹틀 수 있는 최고의 환경을 마련해줍니다. 이는 단순히 기업의 이익을 넘어, 지역사회와 지자체, 대학, 공공기관 등 다양한 주체가 모두 이익을 나누고 함께 발전할 수 있는 협력 생태계로 이어질 수 있습니다.

스마트폰 생태계가 보여주었듯이, 기존 산업·문화·기술을 새롭게 결합해 거대한 경쟁체제를 만들어낼 수 있다면, 우리는 끊임없이 새로워지는 가치를 창출해낼 수 있습니다. 이때 중요한 것은 "어떻게 협력할 것인가"이며, 그 중심에는 결국 "인간의 창의성과 공감 능력"이 자리합니다. 문화 예술은 바로 이 인간적 가치를 끌어올리는 촉매제가 됩니다.

앞으로 AI와 디지털 기술은 더 빠른 속도로 우리의 삶에 스며들 것입니다. 그럴수록 문화 예술적 접근이 필수적인 이유는, 기술이 결코 대신할 수 없는 인간적 감성과 창의성에 기반한 새로운 서비스야말로 지금의 위기를 돌파하는 열쇠이기 때문입니다. 문화 예술과 기술이 결합할 때, 우리는 단순히 '더 빨리, 더 많이'가 아니라 '더 풍부하고, 더 공감하며, 더 의미 있는' 미래를 설계할 수 있습니다.

제6장

가치 소멸을 넘어서:

다시 인간을 중심에 놓기

가치 소멸의 역설: '효율'로 대체되는 인간적 가치

우리는 지금까지 효율을 최고의 가치로 추구해 왔습니다. 산업혁명 이후, 그리고 20세기 중후반의 정보화 시대를 지나 21세기의 디지털 전환(Digital Transformation)에 이르기까지 "더 빨리, 더 싸게, 더 많이"라는 구호는 경제를 발전시키는 원동력이었습니다. 그러나 역설적이게도, 효율이 높아질수록 가치가 사라진다는 문제가 두드러지게 나타나고 있습니다. 지역 경제의 쇠퇴와 지방 소멸, 전 세계적으로 심화된 불평등, 디지털 플랫폼을 독점하는 거대 기업의 등장 등은 효율 극대화가 가져다준 그림자입니다.

디지털과 관련한 "정보화", "디지털 전환" 이 두 개의 거대한 파도를 인간 역할 관점에서 다시 정리하면 다음과 같습니다. 첫 번째 파도, '정보화'는 수작업을 디지털로 치환하면서 비효율을 없애고 인간에게 더 크고 창의적인 과제를 남겨 주는 인간-확장형 혁신이었습니다. 그러나 두 번째 파도, '디지털 전환'은 빅데이터와 AI로 생산 · 판단 · 의사결정마저 자동화하며 인간을 프로세스 밖으로 밀어내는 인간-대체형 혁신으로 심화되고 있습니다.

효율이 극한으로 수렴할수록 '가치 소멸' 현상—지역 소멸, 소득 양극화, 창의직 감소—이 일상화되는 것입니다. 이제 우리가 살 길은 "기술 뒤편에서 잃어버린 인간적 가치를 다시 앞에 세우는 것", 즉 영역 간 협력과 문화 예술적 통합을 통해 새로운 고부가가치 서비스를 창출에 도전해야 하는 것입니다. 이제 우리는 묻습니다. "가치는 어디에서 오는가?" 그리고 이 질문은 곧 "다시 인간을 중심에 놓을 수 있는가?"로 이어집니다.

이 장에서는 디지털 시대를 살아가는 우리가 마주한 가치 소멸의 문제를 극복하기 위한 새로운 전략 패러다임, 즉 협력 생태계 전략(Cooperative Ecosystem Strategy)을 제안하고자 합니다. 기존 기업 중심의 경쟁 전략을 넘어, 사회적 · 문화적 · 디지털적 자원을 함께 활용하여 혁신 서비스를 만들어내는 길을 살펴봅니다.

혁신의 본질: '협력 × 실행'의 힘

그동안 경제 문제는 대부분 케인즈(Keynes) 이후 총수요 관리로 경기를 조정했지만 동일 산업·기존 기업에 유동성을 집중시키는 경향이 강했습니다. 그 결과 자산 가격 상승과 부·소득이 집중하여 빈익빈 부익부 현상이 심화되고 신흥 혁신기업·지역에는 자본이 충분히 흐르지 못하는 부작용이 있었습니다. 반면 슘페터적 관점은 새로운 가치 창출 주체를 키워 시장 지형을 재편하는 데 초점을 둡니다. 새로운 가치 창조에 도전해야 하는 현 시점에서 우리가 관심을 두어야 할 경제이론인 것입니다.

슘페터(Schumpeter)는 경제 성장을 "끊임없는 새로운 결합(New Combination)"으로 정의했습니다. 기업가(Entrepreneur)는 새로운 기술·제품·시장·공급원·조직형태를 주도적으로 결합합니다. 이 결합은 기존 질서를 파괴하고 더 높은 가치를 낳게 됩니다. 경제 순환은 정적(Static) 상태로 두면 침체에 빠지지만, 창조적 파괴

관점	핵심 논리	한계	현대적 의미
슘페터	창조적 파괴-기업가가 새로운 기술 · 시장 · 조직을 결합해 가치 파이를 확대	실행 · 협력 없으면 아이디어에 머무름	플랫폼 기반 협력 생태계 전략으로 재해석 필요
케인즈	총수요 관리로 경기 완충	유동성 · 자산 가격이 기존 기업 · 계층에 집중 → 빈익빈 부익부 심화	부 · 소득 불평등이 구조화됨

슘페터의 혁신론과 케인즈의 수요관리 비교

(Creative Destruction)가 연속적으로 발생하면 역동성을 유지한다는 것입니다. 경제성장을 위해서는 '혁신'을 해야 한다는 것입니다. 최근에 우리나라 정부에서도 잠시 관심을 기울인 적은 있지만 아쉽게도 제대로 정책을 수립했다는 보고서나 기사는 접하지 못했습니다.

슘페터의 혁신 성장론이 오늘날 관심을 집중시키는 이유는 ① 생산성이 '효율 극대화'로 포화된 요즘 시대에는 완전히 다른 가치 조합이 더욱 필요해졌기 때문입니다. ② 산업 · 문화 · 디지털을 가로지르는 협력 생태계를 설계하는 행위가 바로 슘페터적 기업가 정신의 현대적 구현이기 때문입니다. 혁신을 촉진하면 파이를 키우는 성장 → 분배 가능한 부(富)가 증가 → 구조적 불평등을 완화할 역동적 사다리가 생깁니다. 요컨대 "효율의 끝단"에서 막힌 오늘의 경제에는 창조적 파괴와 협력적 재조합이 다시 필요합니다. 슘페터의 "새로운 결합"은 오늘날 플랫폼 기반 '협력 생태계 전략(아래에서 정의함)'으로 재해석되어야 합니다. 케인즈적 수요 부양이 구조적 불평등을 해결하지 못한 지금, 창조적 파괴 + 협력적 실행만이 경제의 활력과 포용성을 동시에 살려낼 수 있습니다. 창조적 파괴, 즉 혁신을 플랫폼 위에서 새롭게 만들어 가는 혁신 서비스라고 한다면 이것을 위한 협력과 실행을 어떻게 해야 하는지 스티브 잡스가 보여준 스마트폰서비스를 사례로 설명하겠습니다. 스티브 잡스가 보여준 '협력 × 실행' 모델(다음의 표 참조)은 기술 · 문화 · 산업을 하나로 잇는 실전 매뉴얼입니다. 이를 각 산업 · 지역 · 공공문제 해결에 맞추어 적용한다면, 가치 소멸의 시대를 넘어 인간 중심의 새 장을 열 수 있을 것입니다.

단계	구체적 협력 조직	실행 방식
① 통합 팀 구축	• 하드웨어(디자인 · 칩) • 소프트웨어(OS) • 콘텐츠(음악 · 영화) • 리테일(Apple Store)을 하나의 '폐쇄형 통합 조직'으로 묶음	기능별 사일로 파괴, 프로젝트룸 · 데일리 스탠드업으로 의사결정 속도 극대화
② 외부 생태계 확장	App Store 개방 → 전 세계 개발자 · 디자이너 · 아티스트를 플랫폼 파트너로 흡수	70:30 수익-쉐어, 품질 가이드라인, 연례 WWDC로 지식 공유
③ 실행 집착	"1,000곡을 주머니 속에" 같은 명확한 고객 가치를 첫날부터 제시 → 프로토타입 수백 회 반복	Reality Distortion Field라 불린 극단적 검수 · 발표 리허설 → 완성도 확보
④ 문화 · 예술 결합	제품 발표를 '공연(Performance)'으로 승화, 매장 디자인을 갤러리로 기획	기술을 감성 언어로 번역 → 무형 가치(브랜드 · 경험) 극대화

스티브 잡스는 특유의 통찰력과 실천력을 통해서 이질적 역량을 새로운 결합으로 조직하여 창조적 파괴를 실현하였습니다. 실현 과정에서 최고의 고객 경험까지 완성하였으며 반복해서 스스로 개선하도록 하는 지속적 발전체계를 만들었습니다. 협력적 경쟁체계인 생태계를 만들어 낸 것입니다. 우리는 현재 다양한 형태의 혁신 서비스 플랫폼을 접하고 있지만 모든 것이 지속적 발전체계를 갖춘 것은 아닙니다. 승자독식 구조를 협력이 보상받는 설계로 재구성해야 합니다. 아래에서 살펴볼 일곱 가지 실행 요소(고객, 서비스 정의, 생태계, 플랫폼, 전략, 제도, 전달)가 끊김 없이 맞물릴 때 가치 소멸을 되돌리는 선순환이 가능해질 수 있습니다.

인류 문명에서 배우는 협력의 형태

인류 문명은 협력(Cooperation) 없이 발전하기 어려웠습니다. 원시 시대부터 사람들은 수렵·채집 과정에서 서로 협력했고, 농경사회에서는 공동 노동을 통해 생산성을 높였습니다. 이렇듯 함께 일하는 방식은 언제나 인류 발전의 핵심이었습니다. 그러나 현재의 디지털 시대는 아이러니하게도, 더 빠른 연결을 가능하게 했음에도 앞에서 설명했듯이 실제로는 사람 간의 '진짜 협력'을 제한하는 구조를 만들어 가고 있습니다.

원시·농업 단계에서는 "함께해야만 살 수 있는" 구조라 협력이 본능이었지만, 제조 단계 이후 '가격-경쟁' 논리가 압도하면서 '협력 자체의 가치'가 희미해졌습니다. 오랜 인류역사(약 3백만 년)에

시대	협력의 주된 목적	특징적 메커니즘	경쟁 vs 협력
원시·수렵 채집 (2~3백만 년)	즉각적 생존	역할 분담(사냥·채집·방어), 신뢰 기반 구두 계약	**협력이 절대적:** 경쟁은 생존 외적 요인에 제한
농업 (약 1만 년)	잉여 생산 & 안정	공동 경작, 수리 시설·창고 공유, 의례·축제	**협력이 생산성의 조건:** '협력 → 생존 → 생산' 구조
제조·산업 (약 300년)	제품 가치 극대화	기계·자본 투입, 표준화·분업, 임금 경쟁	**경쟁**이 급격히 강화: 협력은 사내·수직 계열화 정도
디지털 전환 (출발점)	데이터 기반 효율	플랫폼·AI·자동화, 초연결·초경쟁	**협력과 경쟁이 동시 상존:** 알고리즘이 '가격'·'노동'까지 조정

서 협력이 극도로 약화된 것은 매우 이례적이라고 해석할 수 있습니다. 인간의 장기적 생존 혹은 지속성에 매우 의문을 가질 수 있는 대목입니다.

디지털 전환 시대는 AI·로봇이 생산·판단까지 대체하며 가치는 줄고 경쟁 강도는 높아지는 역설을 낳고 있습니다. 플랫폼이 새로운 협력 무대가 되긴 했으나, 현재 구조는 극단적 승자독식에 기울어 있습니다. 이제 인류는 플랫폼을 재설계하여 "경쟁은 촉진하되, 협력이 보상받는" 제3의 해법을 모색해야 합니다.

가치 생산을 위한 실행의 형태

디지털 전환이 인류에게 주는 가장 큰 기회는 제조 시대를 넘어서 새로운 가치 사냥의 기회를 주고 있는 것이라고 해석할 수도 있습니다. 디지털은 인간으로 하여금 무한 반복되는 작업을 대체하면서 제조에 해당하는 거의 대부분의 일을 자동화로 대체하고 있고 반복 실행되는 거의 모든 일, 예컨대 강의, 단순 창작 영역까지 인간이 그동안 당연히 인간의 일이라고 생각했던 것까지 대신해 줄 수 있습니다. 그러나 인간이 필요로 할 수도 있지만 아직 발견하지 못한 더 나은 미실현 가치는 철저히 인간들에게 남아 있습니다.

예를 들면 에어비앤비는 경험 호스트·셰프·공예가가 한 플랫폼 안에서 협력적 경쟁을 펼치면서 고객이 체험해 보지 못한 수준으로 높은 수준의 "여행 + 문화"라는 복합 가치를 생산하기 시작했습니다. 스마트폰 서비스 생태계에서는 개발자·디자이너·뮤지

션이 함께 앱을 만들고, 앱스토어 정책·수익공유 모델이 분쟁을 최소화하는 제도로 작동합니다. 우리는 아직 도전할 수 있는 "디지털 + 문화"라는 가치는 무궁무진합니다.

이 지점에서 가치는 어디에서 오고 어떻게 획득 가능한지 알아봐야 하겠습니다. 경영학에서 가치(Value)는 종종 "가격"으로 환산되어 왔습니다. 그러나 **가치**는 효율적으로 생산된 재화나 서비스에서만 비롯되는 것이 아닙니다. **문화적·사회적·심리적 요인**이 복합적으로 작동할 때, 사람들은 더 높은 만족도와 의미를 느낍니다. 제조업의 완성으로 기능적인 것은 대부분 충족할 수 있게 되었다고 볼때 인간의 오감에 작용할 수 있는 문화적, 사회적, 심리적 요인에 긍정적으로 작용하는 메카니즘을 발굴하여 실현하는 방향에서 새로운 가치를 찾을 수 있다고 할 수 있겠습니다. 우리에게 주어진 새로운 도구는 디지털이고 수단은 문화 예술이며 재료는 농업과 제조업이라고 이해하면 우리에게 새롭게 주어진 기회의 범위가 대략 가늠될 수 있을 것입니다.

디지털, 문화 예술(문화자원, 예술, 인문 등), 농업, 제조업 등 인류가 발전시켜온 모은 자원들을 융합하여 고객(인류)이 원하는 형태의 서비스롤 만들어 내는 과정이 디지털 전환 시대에 우리에게 주어진 과제라고 하면 목표와 방법의 윤곽을 그려낼 수 있을 것입니다. 이 책에서는 다양한 주체들이 모여서 새로운 가치를 생산하는데 협력하고, 그 안에서 더 나은 가치(혁신 서비스)를 만들기 위해서 경쟁하는 이러한 형태의 발전 전략을 "협력 생태계 전략"이라고 명명하였습니다. 혁신 서비스를 "실제 경제 선순환"으로 이어 붙이려면, 고객을 가장 먼저 정의하고 그 후에 서비스-생

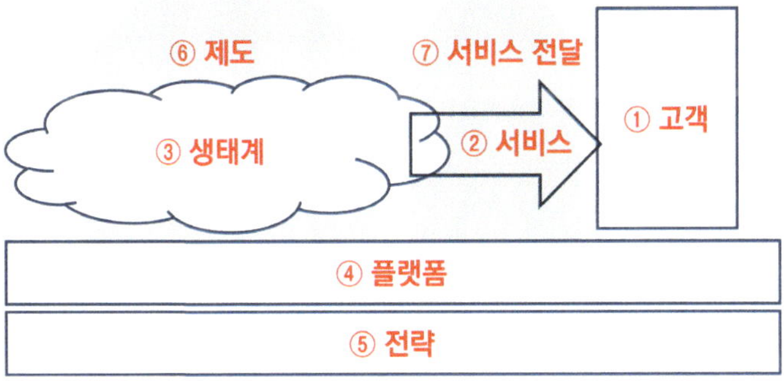

협력 생태계 전략의 일곱 가지 요소

태계-플랫폼을 구성해야 합니다. 이를 체계화한 일곱 가지 요소를 소개합니다.

- **고객**(Customer): 모든 서비스는 인간을 위한 것입니다. 니즈·페인포인트·문화적 맥락을 세밀하게 파악해 '누구를 위한 혁신인가'를 명확히 합니다.
- **서비스 정의**(Service Definition): 고객 욕구를 만족시킬 가시적·무형적 가치 묶음을 설계합니다(예: 스마트폰 '기기+앱+콘텐츠' 묶음).
- **생태계**(Ecosystem): 다양한 서비스 생산자(개발자, 아티스트, 물류, 금융, 지역 조직 등)를 모아 협력과 경쟁이 동시에 일어나는 장을 만듭니다.
- **플랫폼**(Platform): 고객과 생산자를 실시간·데이터 기반으로 연결하는 인프라. 평판·결제·검색·AI 추천 등 신뢰 메커니즘을 내장하여 거래비용을 최소화합니다.

- **전략**(Strategy): 생태계 간 경쟁에서 우위를 점하기 위한 가버넌스·차별화·확장 로드맵을 설계합니다(애플 vs 안드로이드, 에어비앤비(Airbnb) vs 부킹(Booking) 등).
- **제도**(Institution): 지분 배분·수익 공유·분쟁 해결·지식재산 보호 등 공정 규칙을 마련해 다중 이해관계자 간 갈등을 최소화합니다.
- **서비스 전달**(Service Delivery): 문화 예술이 스며든 무형 가치를 고객이 체감하도록 스토리텔링·UX·커뮤니티 운영 등을 설계합니다. 감성적 '와닿음'이 없으면 가치 창출이 반쪽이 됩니다.

"비용 혁신"만을 추구하던 시대가 지나고 있습니다. 디지털 기술은 우리에게 새로운 기회를 열어주기도 하지만, 방치하면 가치 소멸을 가속화할 수도 있습니다. 이제는 인간을 다시 중심에 놓고, 우리 주변의 자원과 역량을 연결·개방·협력하는 새로운 전략을 고민해야 합니다.

협력 생태계 전략은 "경쟁 우위"와 "시장 점유율"에만 집착하던 기존 관점에서 벗어나, 사회 전체가 공감하고 동참할 수 있는 가치 창조의 틀을 제공합니다. 이 전략을 통해 기술은 사람을 대체하는 수단이 아니라, 사람이 더 큰 가치를 구현하는 도구로 거듭납니다. 효율과 성과를 얻기 위해 잃어왔던 인간적 가치를 되찾는 일—바로 이것이 디지털 시대를 살아가는 우리의 과제입니다. 협력은 인류 문명의 기본 DNA입니다. 다만 디지털 전환 시대에는 그 협력이 플랫폼이란 새로운 무대에서 재해석되어야 합니다. 결국 기술은 사람을 대체하기 위한 도구가 아니라, 더 풍요로운 가치를 탄생시키는 무대가 되어야 합니다.

PART 4

혁신 서비스 설계

— 일곱 가지 핵심 요소

제7장
혁신 서비스의 일곱 가지 요소

들어가며: 왜 일곱 가지 요소인가?

지금까지 우리는 디지털 시대의 역설적 현상인 '가치 소멸'이 왜 발생하는지, 그리고 이를 극복하기 위해 어떤 협력 생태계 전략이 필요한지 살펴보았습니다. 기술은 눈부시게 발전했지만, 정작 인간의 협력 체계와 제도는 이를 따라가지 못했고, 문화 예술과 같은 창조적 가치는 기술과 제대로 융합되지 못한 채 표류하고 있었습니다. 그 결과, 우리 사회는 풍요 속의 빈곤이라는 아이러니한 상황에 직면해 있습니다.

다음의 그림은 인류가 지금까지 발전시켜온 1차산업, 2차산업, 3차산업을 융합하여 새로운 서비스를 만들어 가는 과정을 보여

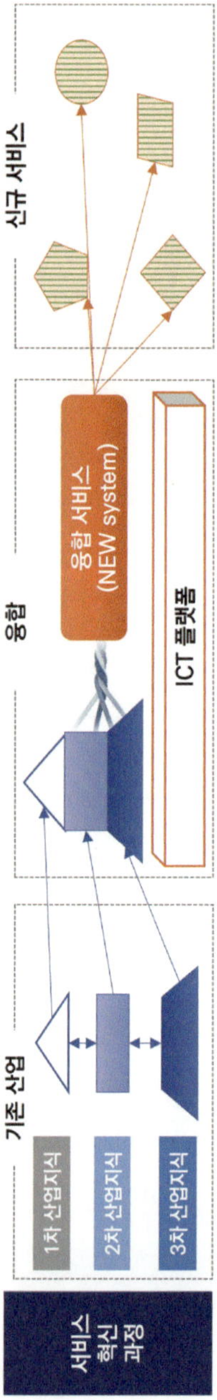

주고 있습니다. 혁신 서비스(그림에서는 융합 서비스)를 우리가 원하는 대로 만들어낼 수 있어야 합니다. 이제 본격적으로 "그렇다면 어떻게 할 것인가?"라는 질문에 답할 차례입니다. 혁신 서비스를 만들어내는 일은 단순히 좋은 아이디어를 떠올리는 것만으로는 충분하지 않습니다. 마치 훌륭한 요리를 만들기 위해서는 좋은 재료뿐만 아니라 적절한 조리법과 도구, 그리고 요리사의 손길이 조화를 이루어야 하듯이, 혁신 서비스 역시 여러 요소들이 유기적으로 결합될 때 비로소 제대로 된 가치를 창출할 수 있습니다.

이 장에서는 이러한 혁신 서비스를 구체화하기 위해 반드시 고려해야 할 일곱 가지 핵심 요소를 제시하고자 합니다. 고객, 서비스, 생태계, 플랫폼, 전략, 제도, 그리고 서비스 전달이 바로 그것입니다. 이들은 각각 독립적으로 존재하는 것이 아니라, 서로 긴밀하게 연결되어 하나의 유기적인 시스템을 이룹니다.

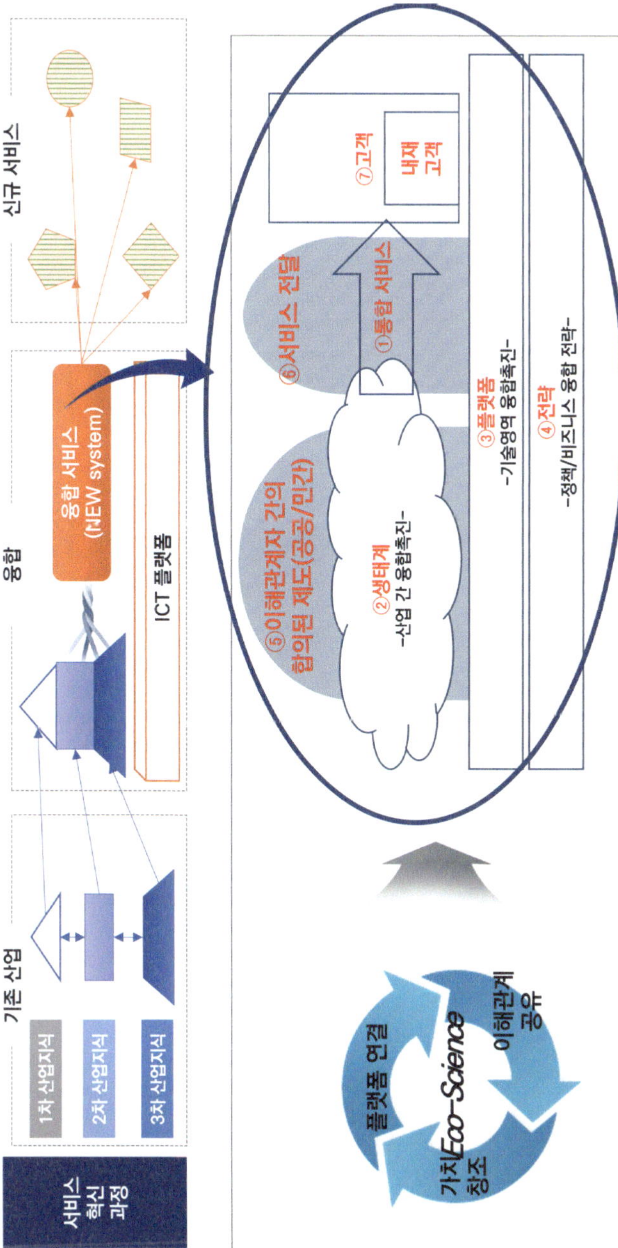
서비스 혁신 과정
기존 산업
1차 산업지식
2차 산업지식
3차 산업지식
융합
융합 서비스 (NEW system)
ICT 플랫폼
신규 서비스
⑤이해관계자 간의 합의된 제도(공공/민간)
⑥서비스 전달
②생태계
-산업 간 융합촉진-
①통합 서비스
⑦고객
내재 고객
③플랫폼
-기술영역 융합촉진-
④전략
-정책/비즈니스 융합 전략-
플랫폼 연결
이해관계 공유
가치 창조
Eco-Science

서비스가 '삐걱'대는 지점은 대체로 일곱 군데 중 한 군데에서 생깁니다. 반대로 일곱 톱니가 맞물리면 공급과잉·소멸가치의 늪에서도 혁신 플라이휠이 돌아갑니다. ① 고객 경청 → ② 서비스 정의 → ③ 생태계 설계 → ④ 전략 수립 → ⑤ 플랫폼 구축 → ⑥ 제도 정비 → ⑦ 전달 품질 확보 순서로 순환이 일어나야 합니다.

	블록	한 줄 핵심
1	고객	"누구를 위해서 만들 것인가?"
2	서비스	"어떤 경험을 줄 것인가?"
3	생태계	"어떤 파트너가 필요한가?"
4	전략	"어떻게 키우고 지킬 것인가?"
5	플랫폼	"모두를 어떻게 잇는가?"
6	제도	"생태계의 질서 유지는 어떻게 하는가?"
7	서비스 전달	"무형이 내포된 서비스의 가치를 어떻게 알게 하는가?"

고객: 누구에게, 어떤 가치를 줄 것인가

고객 역할의 근본적 변화

미래학자 앨빈 토플러는 1970년대에 이미 놀라운 예언을 했습니다. 그는 미래에는 생산자와 소비자의 경계가 무너지고, 고객이 생산 과정에 적극적으로 참여하게 될 것이라고 했습니다. 그가 만든

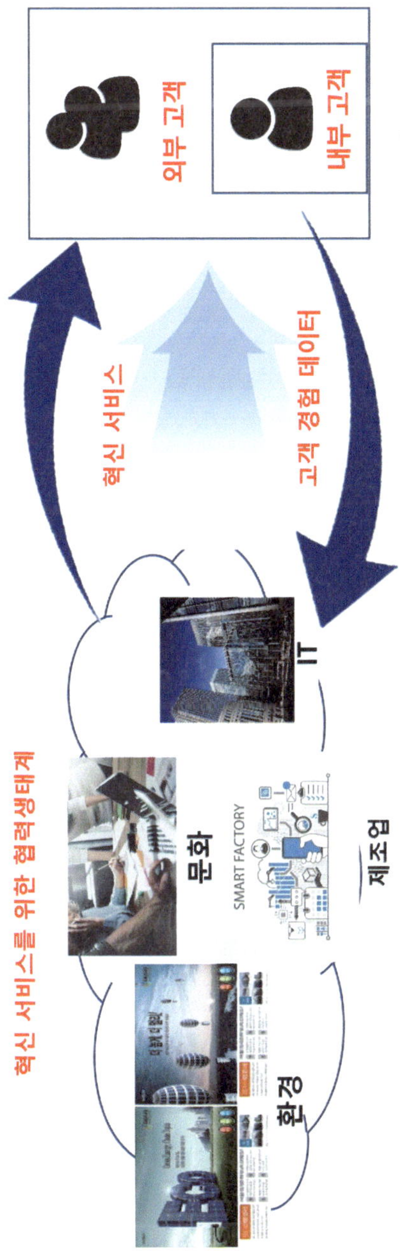
외부 고객
내부 고객
혁신 서비스
고객 경험 데이터
혁신 서비스를 위한 협력생태계
IT
문화
SMART FACTORY
제조업
환경

'프로슈머(Prosumer)'라는 신조어는 이제 우리에게 매우 친숙한 개념이 되었습니다.

실제로 오늘날 고객의 역할은 근본적으로 변했습니다. 과거에 고객은 기업이 만든 제품을 선택하고 구매하는 수동적인 존재였습니다. 하지만 이제 고객은 단순한 소비자가 아닙니다. 그들은 생산자이자, 창작자이고, 때로는 홍보자이며, 심지어 사회 활동가의 역할까지 수행합니다.

고객 지향의 진정한 의미

혁신 서비스를 만들려면 고객에 대한 깊은 이해가 필요합니다. 하지만 여기서 말하는 '고객 지향'은 단순히 "고객이 원하는 것을 만들어 준다"는 의미가 아닙니다. 헨리 포드의 유명한 말이 있습니다. "내가 고객에게 무엇을 원하는지 물었다면, 그들은 '더 빠른 말'이라고 대답했을 것이다." 진정한 고객 지향이란 고객이 아직 깨닫지 못한 잠재적 욕구, 제대로 해결되지 않은 문제를 발견하고 해결하는 것입니다.

에어비앤비의 창업 스토리가 좋은 예입니다. 브라이언 체스키와 조 게비아는 샌프란시스코에서 열린 디자인 컨퍼런스 때문에 호텔을 구하지 못한 사람들을 보았습니다. 그들은 자신의 아파트에 에어 매트리스를 놓고 아침 식사를 제공하며 숙박비를 받았습니다. 이것이 에어비앤비의 시작이었습니다. 고객들은 "더 많은 호텔"을 원한다고 말했을지 모르지만, 실제로 필요했던 것은 "합리적인 가격에 현지인처럼 머물 수 있는 숙소"였던 것입니다.

데이터 시대의 고객 이해

디지털 시대의 또 다른 특징은 고객에 대한 데이터를 전례 없이 풍부하게 수집하고 분석할 수 있다는 점입니다. 과거에는 설문조사나 포커스 그룹 인터뷰에 의존해야 했지만, 이제는 고객의 실제 행동 데이터를 실시간으로 분석할 수 있습니다.

넷플릭스는 이를 가장 잘 활용하는 기업 중 하나입니다. 그들은 사용자가 어떤 콘텐츠를 시청하는지, 언제 시청을 중단하는지, 어떤 장면을 반복해서 보는지까지 세밀하게 분석합니다. 이 데이터를 바탕으로 개인화된 추천을 제공할 뿐만 아니라, 새로운 오리지널 콘텐츠를 제작할 때도 활용합니다. '하우스 오브 카드'같은 히트작은 이런 데이터 분석의 결과물이기도 합니다.

하지만 여기서 주의할 점이 있습니다. 데이터는 강력한 도구이지만, 그것이 전부는 아닙니다. 숫자 뒤에 숨어 있는 인간의 감정과 맥락을 이해하는 것이 더 중요합니다. 고객을 단순한 데이터 포인트가 아니라 살아있는 인간으로, 그리고 함께 가치를 만들어 가는 파트너로 바라보는 시각이 필요합니다. **데이터는 과거이고 고객이 원하는 것은 미래입니다.**

서비스: 무엇을, 어떻게 제공할 것인가

산업 시대와는 다른 패러다임

"무엇을 만들어 팔 것인가?" 이 질문은 비즈니스의 가장 근본적인 물음입니다. 그런데 디지털 시대에 이 질문은 미묘하지만 중요한 변화를 겪었습니다. 이제는 "무엇을 만들 것인가"가 아니라 "어떤 경험을 제공할 것인가"가 더 중요한 질문이 되었습니다.

과거 산업 시대에는 제품 자체가 경쟁력의 핵심이었습니다. 더 튼튼한 자동차, 더 선명한 텔레비전, 더 빠른 컴퓨터를 만드는 것이 곧 성공의 열쇠였습니다. 하지만 이제는 다릅니다. 제품은 여전히 중요하지만, 그 제품을 사용함으로써 고객이 얻게 되는 '경험'과 '편익'이 진정한 가치의 원천으로 떠올랐습니다. 스마트폰 서비스는 기존에 있던 것을 모았을 뿐입니다. 그 과정에서 편리성을 높인 디자인이 동원되었고, 모든 내용에는 글, 그림, 영상이라는 문화 예술적인 요소들이 동원되었습니다. 모든 것을 연결하는 플랫폼이 핵심역할을 했습니다. 외형적으로는 스마트폰 제조와 관련한 반도체 산업의 팽창으로 이어졌습니다(다음 페이지의 그림 참조).

무형의 자원이 핵심이다

이러한 변화의 배경에는 디지털 기술의 발전이 있습니다. 인공지능, 로봇, 사물인터넷 등의 기술은 과거에는 상상할 수 없었던 방식으로 가치를 전달할 수 있게 만들었습니다. 특히 주목할 점은 이제 '전문 지식'이나 '감성적 가치' 같은 무형의 자원이 서비스를 통해 훨씬 쉽게 전달될 수 있다는 것입니다. 농산물에 담긴 농부들의 노력, 음식에 담기 요리사들의 정성, 역사문화 자원에서 전달되는 느낌 등 모든 것들이 다시 재조명될 수 있는 소중한 자원들인 것입니다.

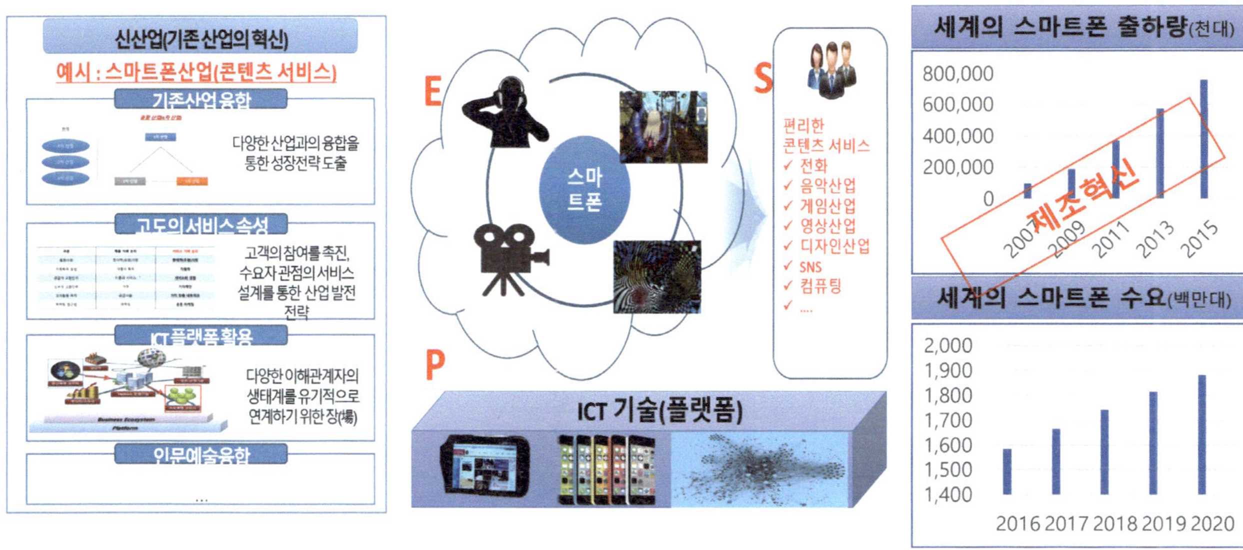
신산업(기존 산업의 혁신)
예시 : 스마트폰산업(콘텐츠 서비스)
기존산업융합
다양한 산업과의 융합을 통한 성장전략 도출
고도의서비스속성
고객의 참여를 촉진, 수요자관점의 서비스 설계를 통한 산업 발전 전략
ICT플랫폼활용
다양한 이해관계자의 생태계를 유기적으로 연계하기 위한 장(場)
인문예술융합
...
E
P
S
스마트폰
편리한 콘텐츠 서비스
✓ 전화
✓ 음악산업
✓ 게임산업
✓ 영상산업
✓ 디자인산업
✓ SNS
✓ 컴퓨팅
✓ ....
ICT 기술(플랫폼)
세계의 스마트폰 출하량(천대)
800,000
600,000
400,000
200,000
0
2007
2009
2011
2013
2015
제조혁신
세계의 스마트폰 수요(백만대)
2,000
1,900
1,800
1,700
1,600
1,500
1,400
2016 2017 2018 2019 2020

서비스가 가치 창출의 본질이다

이처럼 오늘날 서비스는 더 이상 제품 판매를 돕는 부차적 수단이 아닙니다. 서비스 자체가 가치 창출의 본질이 되었습니다. 기업들은 이제 "우리가 파는 제품은 무엇인가?"라고 묻는 대신, "우리가 제공하는 서비스를 통해 고객은 어떤 경험을 하게 되는가?"라고 물어야 합니다.

생태계: 어떤 주체들이 참여하고 협력하는가

혼자서는 할 수 없는 시대

"빨리 가려면 혼자 가고, 멀리 가려면 함께 가라"는 아프리카 속담이 있습니다. 디지털 전환 시대에 이 말은 더욱 큰 의미를 갖습니다. 이제 한 기업이 단독으로 모든 역량을 갖추고 시장에서 성공하기는 거의 불가능에 가까워졌습니다.

세계에서 가장 혁신적인 기업 중 하나로 꼽히는 애플도 혼자서는 아이폰을 만들 수 없습니다. 디스플레이는 삼성이나 LG에서, 프로세서는 TSMC에서 생산합니다. 수백만 개의 앱은 전 세계 개발자들이 만듭니다. 애플의 진정한 강점은 이 모든 요소를 조화롭게 엮어내는 생태계 설계 능력에 있습니다.

비즈니스 생태계라는 개념을 처음 제시한 제임스 무어는 이를 "상호 가치 창출을 위해 느슨하게 연결된 네트워크"라고 정의했습니다. 여기서 '느슨하게'라는 표현이 중요합니다. 과거의 수직 계열

화나 하청 관계와는 다릅니다. 생태계의 참여자들은 각자의 독립성을 유지하면서도 공동의 가치 창출을 위해 협력합니다.

생태계 안에서의 역할 찾기

그렇다면 우리 기업은 생태계에서 어떤 역할을 해야 할까요? 모든 기업이 애플이나 구글처럼 생태계의 중심, 즉 '키스톤(Keystone)'이 될 수는 없습니다. 하지만 그것이 실패를 의미하는 것은 아닙니다.

생태계에서 중요한 것은 크기가 아니라 가치입니다. 당신의 기업이 생태계에 어떤 독특한 가치를 더할 수 있는지, 그리고 그 가치가 다른 참여자들과 어떻게 시너지를 낼 수 있는지를 고민해야 합니다.

경쟁자도 협력자가 될 수 있다

전통적인 경영학에서는 경쟁자를 물리쳐야 할 적으로 봤습니다. 하지만 생태계 관점에서는 경쟁자도 잠재적 협력자입니다. 이를 '코피티션(Coopetition)', 즉 협력적 경쟁이라고 부릅니다.

이런 협력이 가능한 이유는 무엇일까요? 각자가 전체 파이를 키우는 것이 제로섬 게임을 하는 것보다 유리하다는 것을 알기 때문입니다. 스마트홈 시장 자체가 커지면 모든 참여자가 혜택을 봅니다. 협력을 통해서 파이를 키우고 그 안에서 선의의 경쟁을 하는 구도가 기본이 되는 것입니다. 산업 시대에는 경쟁전략이 중심에 있었다면 서비스 시대는 협력을 기본 바탕으로 시작해야 한다는 것입니다.

플랫폼: 고객과 서비스를 연결하는 디지털 기반

플랫폼, 현대 비즈니스의 필수 인프라

플랫폼이라는 단어를 들으면 아마도 우버, 에어비앤비, 카카오톡 같은 서비스들이 떠오를 것입니다. 하지만 플랫폼의 개념은 이보다 훨씬 넓습니다. 플랫폼은 "행위자와 자원의 상호작용을 용이하게 하는 디지털·거버넌스·공간적 기반"입니다. 쉽게 말해, 서로 다른 그룹이 만나 가치를 교환할 수 있게 해 주는 장(場)인 것입니다. 즉, 가치 교환이 일어나는 장(場)을 통칭합니다. 이를 도시·지역 단위로 확장하면, 주거(정주) 인프라·문화 인프라·제조 인프라 또한 지역 플랫폼으로 정의할 수 있습니다. 예컨대 지역의 교통·통신망, 공유 주택·협동조합, 공연장·박물관, 소규모 공방·스마트팩토리가 서로 연결되어 지역 혁신 서비스를 탄생시키는 장이 되는 것입니다.

플랫폼의 힘은 '네트워크 효과'에서 나옵니다. 사용자가 많아질수록 플랫폼의 가치는 기하급수적으로 증가합니다. 전화를 생각해 보세요. 세상에 전화기가 단 두 대뿐이라면 별로 쓸모가 없을 것입니다. 하지만 모든 사람이 전화를 가지고 있다면, 그 가치는 엄청납니다.

카카오택시가 기존 콜택시 서비스를 순식간에 압도할 수 있었던 이유도 여기에 있습니다. 카카오톡이라는 거대한 사용자 기반 위에 택시 호출 서비스를 얹었기 때문입니다. 승객이 많으니 기사들이 모이고, 기사가 많으니 승객들이 더 편리하게 이용합니다. 선순환이 시작되는 것입니다.

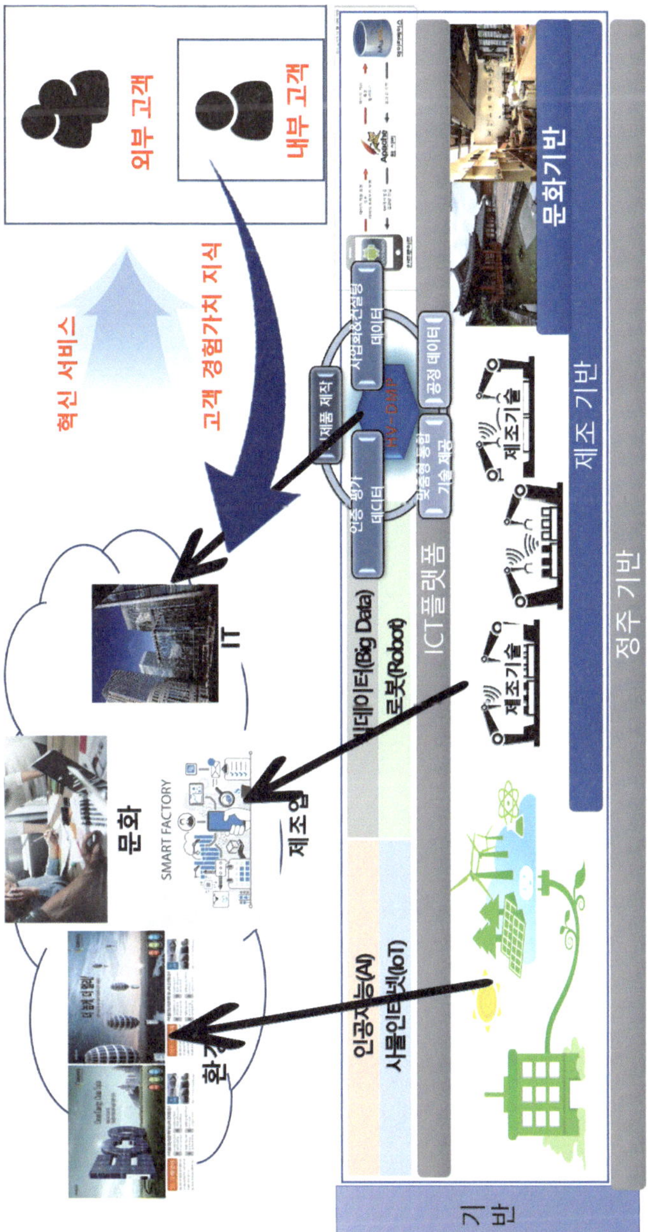
외부 고객
내부 고객
혁신 서비스
고객 경험가치 지식
IT
문화
SMART FACTORY
제조업
환경
인공지능(AI)
사물인터넷(IoT)
로봇(Robot)
ICT플랫폼
제품 제작
인증 평가 데이터
맞춤형 통합 기술 제공
공정 데이터
제조기술
문화기반
제조 기반
정주 기반
기 반

플랫폼 네트워크의 범위

플랫폼 성공 전략은 네트워크의 범위를 이해하는 데서 시작합니다.

- **글로벌 네트워크:** 에어비앤비처럼 전 세계를 연결. 선두 주자의 지위가 견고합니다.
- **로컬 네트워크:** 차량 호출 서비스나 지역 공유주방처럼 지리적 근접성이 핵심. 각 도시 · 권역마다 다른 강자가 존재합니다.

지역 기반 플랫폼의 경우 정주 · 문화 · 제조 자산이 결합된 다층적 네트워크를 형성합니다. 예를 들어, 문화재 · 전통시장(문화 인프라)과 스마트농장(제조 · 생산 인프라), 그리고 청년 공공임대 주택(정주 인프라)이 동시에 작동할 때 지역 특화 서비스의 경쟁력이 극대화됩니다. 자신의 플랫폼이 글로벌인지, 로컬인지, 혹은 '로컬 집적 → 글로벌 확장'을 노리는 하이브리드인지 파악하고, 그에 맞는 성장을 설계해야 합니다.

플랫폼은 디지털 서비스뿐 아니라 지역의 물리적 · 문화적 · 산업적 기반까지 포괄하는 개념입니다. 지역 혁신 서비스를 기획할 때는 정주 기반(주거 · 교통), 문화 기반(예술 · 관광), 제조 기반(생산 · 공방)을 플랫폼 관점에서 통합적으로 바라봐야 합니다. 이렇게 확장된 플랫폼 관점은 《가치 소멸을 넘어서》가 제시하는 "다시 인간을 중심에 세우는" 전략의 핵심 토대가 됩니다.

전략: 경쟁 속에서 서비스가 선택되기 위한 설계

경쟁에서 협력으로의 패러다임 전환

전통적인 경영 전략은 한 마디로 "어떻게 경쟁에서 이길 것인가?"에 대한 답이었습니다. 마이클 포터의 유명한 '5 Forces 모델'이나 '경쟁우위 전략'이 대표적입니다. 이런 접근법이 완전히 틀렸다는 것은 아닙니다. 하지만 오늘날의 복잡한 비즈니스 환경에서는 충분하지 않습니다.

현대의 혁신 전략은 "어떻게 함께 새로운 가치를 만들 것인가?"를 묻습니다. 경쟁자를 이기는 것보다 파이 자체를 키우는 것이 더 중요해졌습니다. 특히 디지털 전환과 융합의 시대에는 혼자서 할 수 있는 일이 극히 제한적이기 때문입니다.

대표적 협력 생태계에 해당하는 스마트폰 서비스 생태계에서도 생태계의 '기반 인프라·표준'은 협력(Positive-Sum)이 필수이나, 사용자 주목·수익이 직접 충돌하는 접점에서는 경쟁(Zero-Sum)이 불가피합니다. 에어비앤비의 경우에도 신뢰·규제·데이터 인프라는 모두가 힘을 합쳐야만 강화되지만, 숙소·체험·가격은 투명하게 공개되기 때문에 '같은 상품 범주'에서의 가격·품질·후기 경쟁은 필연적입니다.

새로운 전략적 사고의 틀

그렇다면 이 시대에 필요한 전략적 사고는 무엇일까요? 몇 가지 원칙을 제시하고자 합니다.

첫째, 생태계 전체를 보는 넓은 시야가 필요합니다. 자사의 경쟁력만 따지지 말고, 전체 생태계가 어떻게 진화하고 있는지, 그 속에서 우리의 역할은 무엇인지를 고민해야 합니다.

둘째, 유연성과 적응력이 핵심입니다. 5년, 10년 장기 계획도 중요하지만, 변화에 빠르게 대응할 수 있는 민첩성이 더 중요할 수 있습니다. 계획에 너무 얽매이지 말고, 상황에 따라 방향을 조정할 수 있어야 합니다.

셋째, 제로섬이 아닌 포지티브섬 게임을 추구해야 합니다. 남의 파이를 빼앗는 것이 아니라, 함께 파이를 키우는 방법을 찾아야 합니다. 때로는 경쟁자와도 손을 잡을 수 있어야 합니다.

넷째, 기술과 인간의 균형을 잃지 말아야 합니다. 아무리 혁신적인 기술도 결국 인간을 위한 것입니다. 기술에 매몰되지 말고, 그것이 인간에게 어떤 가치를 줄 수 있는지를 항상 생각해야 합니다.

제도: 공정성과 지속성을 보장하는 사회적 장치

혁신과 규제의 긴장 관계

혁신은 본질적으로 기존 질서에 대한 도전입니다. 그래서 혁신과 규제 사이에는 항상 긴장이 존재합니다. 우버가 처음 등장했을 때 많은 나라에서 택시업계의 반발과 규제 당국의 제재에 부딪혔습니다. 에어비앤비도 마찬가지였고, 최근에는 AI와 관련된 규제 논의가 뜨겁습니다.

이런 갈등을 단순히 '혁신 vs 규제'의 대립으로만 볼 것은 아닙니다. 제도는 공정한 경쟁을 보장하고, 소비자를 보호하며, 사회적 가치를 지키는 중요한 역할을 합니다. 문제는 기술 발전의 속도를 기존 제도가 따라가지 못한다는 점입니다.

예를 들어, 자율주행차의 경우, 기술적으로는 이미 상당한 수준에 도달했습니다. 하지만 사고가 났을 때 책임은 누가 질 것인가? 운전자? 제조사? 소프트웨어 개발사? 기존 법체계로는 답하기 어려운 질문입니다.

규제 샌드박스: 실험과 혁신의 공간

이런 딜레마를 해결하기 위한 하나의 방법이 '규제 샌드박스'입니다. 어린이들이 모래 놀이터(샌드박스)에서 안전하게 놀듯이, 혁신 기업들이 규제의 제약 없이 새로운 서비스를 실험할 수 있는 공간을 만드는 것입니다.

한국도 2019년부터 규제 샌드박스를 시행하고 있습니다. 예를 들어, 마이리얼트립은 규제 샌드박스를 통해 온라인으로 여행 상품을 판매할 수 있게 되었습니다. 기존 관광 법규로는 오프라인 사무실 없이는 여행업을 할 수 없었습니다. 샌드박스 기간 동안 안전성과 소비자 혜택이 입증되면, 정식으로 규제가 개선됩니다.

신뢰와 공공성의 확보

제도의 또 다른 중요한 역할은 신뢰를 구축하는 것입니다. 특히 지역 기반 서비스나 공공성이 강한 혁신에서는 더욱 그렇습니다.

지역 농산물 인증 제도를 예로 들어보겠습니다. 소비자가 '우리 지역에서 생산된 친환경 농산물'이라는 표시를 믿을 수 있는 이유는 인증 제도라는 제도적 장치가 있기 때문입니다. 생산자, 인증기관, 감독기관이 각자의 역할을 하며 신뢰의 사슬을 만듭니다. 블록체인 기술이 주목받는 이유 중 하나도 '탈중앙화된 신뢰'를 만들 수 있기 때문입니다. 중앙 기관 없이도 거래의 투명성과 신뢰성을 보장할 수 있다는 것입니다. 하지만 아이러니하게도 블록체인이 제대로 작동하려면 또 다른 형태의 제도적 합의가 필요합니다.

지속가능한 거버넌스 구축

협력 생태계가 복잡해질수록 거버넌스의 중요성은 커집니다. 다양한 이해관계자가 참여하는 만큼 갈등도 많이 발생합니다. 이를 조정하고 전체가 지속가능하게 발전할 수 있도록 하는 것이 거버넌스의 역할입니다.

혁신 서비스를 설계할 때는 이런 제도적 측면을 처음부터 고려해야 합니다. 기술적으로 가능하다고 해서 모든 것이 허용되는 것은 아닙니다. 사회적 합의를 이끌어내고, 공정한 규칙을 만들고, 지속가능한 구조를 설계하는 것. 이것이 제도의 역할입니다.

서비스 전달: 고객이 알고, 믿고, 체험하도록 만드는 '마지막 1마일+α'의 실행 구조

마지막 1마일의 중요성

전통적 마케팅이 "알리고 설득하는 활동"에 머물렀다면, 협력 생태계 전략에서의 서비스 전달은 그 위에 신뢰 설계 · 품질 실행 · 경험 회복까지 아우르는 풀 스택(Full-Stack) 과정입니다. 고객은 서비스를 체험하기 훨씬전에 이미 그 서비스의 가치를 인지하고 있어야 구매 결정을 편안히 내립니다. 다시 말해, 아무리 훌륭한 서비스를 설계했더라도, 그것이 고객에게 제대로 전달되지 않으면 무용지물입니다. 물류업계에서는 이를 '라스트 마일(Last Mile)' 문제라고 부릅니다. 물건이 대륙을 건너고 도시를 가로질러 왔지만, 정작 고객의 현관문 앞에 도달하는 마지막 구간이 가장 어렵고 비용이 많이 든다는 것이죠. 서비스 · 콘텐츠 · 데이터 · 관광 · 교육처럼 무

신뢰 장치	핵심 기능	예시
원산지 · 품질 인증	생산 과정 · 규격을 투명하게 공개	와인 지리적 표시제(GI) → 산지 · 생산자 · 빈티지 정보를 라벨에 고시 → "보르도 브랜딩"이 세계시장 확장
표준화된 서비스 설명서	서비스 절차 · 등급을 사전 공유	호텔성급, 병원의 JCI 인증, SaaS의 서비스 수준 계약(SLA)
리뷰 · 평점 · 소셜 증명	다수 경험자의 목소리 제공	앱스토어 별점, 에어비앤비 '슈퍼호스트' 배지
스토리텔링 & 콘텐츠 마케팅	브랜드 역사 · 가치를 서사로 전달	스타벅스 '원두 산지 스토리', 넷플릭스 '메이킹 영상'

형성이 큰 상품은, 눈에 보이지 않는 가치(품질 · 전문성 · 윤리성)를 제도 · 정보 · 스토리로 가시화해야 합니다.

품질 관리 패러다임의 변화

제조업 시대의 품질 관리는 '불량률 제로'를 목표로 했습니다. 하지만 서비스 시대의 품질 관리는 다릅니다. 서비스는 생산과 소비가 동시에 일어나고, 인간의 개입이 많으며, 상황에 따라 달라집니다. 같은 레스토랑이라도 날씨, 직원의 컨디션, 다른 손님들의 분위기에 따라 경험이 달라집니다.

그래서 현대의 서비스 품질 관리는 '일관된 우수함'보다는 '지속적인 개선'에 초점을 맞춥니다. 실수를 완전히 없애는 것이 아니라, 실수가 일어났을 때 얼마나 빠르고 적절하게 대응하느냐가 더 중요합니다. 스타벅스 매장이 전 세계 어디서나 비슷한 경험을 제공하는 것처럼, 플랫폼과 파트너, 온오프라인 채널이 모두 같은 브랜드 경험을 전달해야 합니다. 이를 위해선 표준 매뉴얼, 파트너 교육, 실시간 피드백 시스템이 필요합니다.

생태계 전체의 서비스 수준 관리

협력 생태계에서는 여러 주체가 협력합니다. 한 곳에서 실수가 나면 전체 서비스가 망가질 수 있습니다. 비행기가 연착했는데 공항버스는 정시에 출발해버린다면? 호텔은 훌륭한데 주변 관광지가 엉망이라면?

그래서 생태계 차원의 통합적 품질 관리가 필요합니다. 디즈니랜드가 좋은 예입니다. 디즈니는 직영 시설뿐만 아니라 입점 업체,

심지어 주변 호텔까지도 일정한 서비스 기준을 요구합니다. '디즈니 경험'은 놀이기구만이 아니라 전체 여정에서 만들어지기 때문입니다.

물론 모든 것을 통제할 수는 없습니다. 하지만 최소한 핵심 접점은 관리해야 합니다. 명확한 가이드라인, 정기적인 교육, 상호 모니터링, 신속한 피드백 시스템 등이 필요합니다. 기술도 도움이 됩니다. 실시간 데이터 분석으로 문제를 조기에 발견하고, AI로 패턴을 파악해 예방할 수 있습니다.

결국 서비스 전달이란, 고객이 구매 버튼을 누르기 전부터 시작해 사용 후 기억에 남을 때까지 이어지는 길고 긴 여정입니다. 단순히 '알리는' 마케팅을 넘어, 신뢰를 설계하고 경험을 디자인하며 실패를 빠르게 회복하는 종합예술. 그것이 바로 협력 생태계 시대의 '서비스 전달'입니다.

일곱 가지 요소를 통합하여 가치 소멸을 넘어서

지금까지 혁신 서비스를 만들기 위한 일곱 가지 요소를 살펴보았습니다. 서비스, 고객, 생태계, 플랫폼, 전략, 제도, 서비스 전달. 이 요소들은 따로 떨어진 것이 아니라 하나의 유기적인 시스템을 이룹니다.

우리가 직면한 '가치 소멸'의 위기는 역설적으로 새로운 기회이기도 합니다. 기존의 방식이 한계에 부딪혔다는 것은, 새로운 방식을 시도할 때가 왔다는 신호입니다. 일곱 가지 요소를 나침반 삼아, 인간 중심의 혁신 서비스를 만들어 가는 여정. 그것이 바로 가치 소멸을 넘어서는 길입니다.

"인간의 협력 능력은 무한합니다. 문제는 그것을 가능케 할 '틀'을 누가, 어떻게 디자인하느냐에 달려 있습니다."

참고사항: 이 장에서 소개한 혁신 서비스를 위한 일곱 가지 요소를 체계적으로 개발하는 구체적인 절차는 "산업융합을 위한 서비스 혁신 방법론, 한경사, 2021"에 자세히 설명되어 있습니다.

제8장
혁신 서비스에 대한 몇 가지 통찰

흩어진 자원을 엮어 더 나은 가치를 만드는 법

산업 시대에는 제품(공산품) 자체가 매출을 좌우하는 핵심이었습니다. 그러나 디지털 전환으로 인해 생산 효율이 극단적으로 높아지면서, 단순 제품만으로는 경쟁 우위를 확보하기 어려워졌습니다. 이제 고객은 "무엇을 얼마나 싸게 사느냐"가 아니라, "어떤 경험을 얻느냐"에 더 높은 가치를 둡니다. 제조 시대의 완성으로 자원은 풍부해졌습니다. 이제 우리는 더 나은 가치를 만드는 방법을 찾아야 합니다. 선구자들이 한 방법을 이해해 보도록 하겠습니다.

2008년, 브라이언 체스키와 조 게비아는 샌프란시스코에서 열리는 디자인 컨퍼런스 때문에 호텔을 구하지 못한 사람들을 보았습니다. 그들의 아파트엔 빈 공간이 있었고, 에어매트리스가 있었습니다. “우리 집에 에어매트리스를 깔고 아침식사를 제공하면 어떨까?” 이 단순한 아이디어가 오늘날 전 세계 600만 개 이상의 숙소를 연결하는 에어비앤비의 시작이었습니다. 스티브 잡스의 스마트폰 혁신 서비스, 카카오톡도 소중한 자원들을 엮어서 만들어진 것들입니다.

혁신은 거창한 발명품이나 최첨단 기술에서만 나오는 게 아닙니다. 이미 존재하지만 흩어져 있던 것들을 새롭게 연결할 때, 진짜 혁신이 일어납니다. 혁신의 과정에서 유념해야 할 몇가지를 이들의 아이디어에서 정리해 보겠습니다.

연결과 일곱 가지 요소로 완성되는 혁신 서비스

조각난 퍼즐(흩어진 자원)을 맞추는 연결(플랫폼)의 마법

빈 방이 호텔이 되는 순간

전 세계에는 엄청난 수의 빈 방이 있습니다. 동시에 여행을 떠나는 사람들의 수도 많습니다. 이 두 그룹을 연결할 수단이 그전에는 없었지만 이제는 있다는 것을 에어비앤비는 알아차렸습니다. 호스트는 빈 방으로 수익을 얻고, 게스트는 호텔보다 저렴하고 현지 문화를 경험할 수 있는 숙소를 찾을 수 있습니다. 에어비앤비는 단 한 채의 호텔도 소유하지 않고 세계 최대의 숙박 플랫폼이 되었습니다.

에어비앤비의 협력 생태계 전략

개인 차량이 대중교통으로

도시엔 수많은 개인 차량이 있고, 대부분 하루 중 95%의 시간을 주차장에서 보냅니다. 동시에 택시를 잡지 못해 발을 동동 구르는 사람들이 있습니다. 우버는 이것을 연결했을 뿐입니다. 차량을 가진 사람은 유휴 시간에 수익을 올리고, 이동이 필요한 사람은 더 빠르고 편하게 차량을 이용할 수 있게 되었습니다.

주머니 속 슈퍼컴퓨터의 탄생

스마트폰 서비스를 살펴보겠습니다. 애플은 휴대전화를 만드는 회사, 구글은 검색엔진 회사, 수많은 개발자들은 각자의 앱을 만드는 사람들이었습니다. 이들이 따로 놀았다면 오늘날의 스마트폰 생태계는 없었을 겁니다. 앱스토어라는 플랫폼이 등장하면서 모든 게 바뀌었습니다. 제조사는 하드웨어를, 통신사는 네트워크를, 개발자는 앱을 제공하고, 이 모든 것이 하나로 연결되어 우리 주머니 속에 슈퍼컴퓨터가 들어오게 되었습니다.

연결을 위한 여섯 가지 법칙

혁신적인 서비스를 만들려면 무작정 연결한다고 되는 게 아닙니다. 연결하여 더 편리한 서비스로 탄생시켜야 합니다. 전통적인 산업 관점에서 서비스는 종종 '제품을 보조하는 요소'처럼 간주되었습니다. 그러나 디지털 전환과 지식경제가 발전하면서, 이제 서비스 자체가 가치 창출의 중심이 되고 있습니다. 성공적인 플랫폼들을 분석해 보면 여섯 가지 공통된 법칙이 보입니다.

익숙한 자산을 재조합하라

비용혁신은 완전히 새로운 것을 만들어내기보다, 기존 자원을 어떻게 재활용하느냐에서 탄생하기도 합니다. 폐교 건물을 스타트업·청년창업의 공간으로 재사용하여 운영 비용을 대폭 절감한 사례, 남는 공간(공공시설)을 협업 카페로 바꾸어서 성공한 사례 등 디지털 기술(IoT, 온라인 매칭, AI 등)이 기존 오프라인 자원과 접목되면, 유휴자원을 발굴하고 비용을 절약하며 가치 창출의 기회를 넓힐 수 있습니다. 네스프레소의 캡슐커피는 커피와 캡슐 머신이라는 익숙한 두 가지를 결합했습니다. 커피는 수백 년의 역사를 가진 음료고, 캡슐 기술도 새로운 게 아니었습니다. 하지만 이 둘을 결합하니 '집에서 즐기는 프리미엄 커피'라는 새로운 시장이 열렸습니다.

"창조란, 무(無)에서 유(有)를 만드는 것처럼 보이지만, 사실은 이미 있는 것을 새롭게 조합하는 과정이다." (전)문화커뮤니케이션창조산업부 부장관 에드 베이지(Ed Vaizey) 조언을 참고할 필요가 있습니다. 핵심은 '완전히 새로운 것'을 만들려 하지 말고, 이미 사람들이 익숙한 것들을 새롭게 조합하는 것입니다.

제품·기술·문화를 융합하라

스타벅스는 단순히 커피를 파는 곳이 아닙니다. '제3의 공간'이라는 문화적 개념을 만들었습니다. 집(제1의 공간)과 직장(제2의 공간) 사이에서 편안하게 머물 수 있는 곳이라는 다른 감성을 가진 공간을 창조했습니다. 여기에 와이파이 기술을 더했습니다. 모바일 주문 시스템을 도입했고, 음악 스트리밍 서비스와 제휴했습니다. 커피(제품) + 디지털 기술 + 문화적 경험이 하나로 묶이니, 스타벅스는 단순한 카페를 넘어 라이프스타일 브랜드가 되었습니다. 비용이 해결하는 것이 아니라 지식의 융합을 통한 창조인 것입니다.

모두의 파이를 키우는 설계를 하라

좋은 플랫폼, 혹은 지속가능한 플랫폼은 제로섬 게임이 아닌 윈-윈 구조를 만듭니다. 유튜브의 사례를 보자면 크리에이터가 좋은 콘텐츠를 만들면 시청자가 늘어납니다. 시청자가 늘면 광고 수익이 증가하고, 이는 다시 크리에이터에게 돌아갑니다. 유튜브는 이 과정에서 수수료를 받지만, 전체 파이가 커지니 모두가 이익을 봅니다.

협력 생태계라는 말이 보여주듯, 현대 서비스는 대개 여러 이해관계자의 협업을 전제로 합니다. 그런데 이 과정에서 특정 주체만 이득을 보고, 나머지는 소외된다면, 생태계 유지가 오래가지 못합니다. 플랫폼 기업이 막강한 '게이트키퍼'로서 독점적 지위를 이용해 수수료만 계속 높인다면, 중소상공인·파트너사는 결국 이탈하거나 불만이 쌓여 협력관계가 깨집니다. 경영학자 마이클 포터(Michael Porter)와 마크 크레이머(Mark Kramer)는 "공유가치창출(Creating Shared Value)"을 통해 기업과 사회가 동시에 발전해야 한다고 역설했습니다. 이를 혁신 서비스에 적용하면, 단순히 수익만 추구하는 비즈니스가 아니라, 참여자 모두가 상생할 수 있는 구조를 고민해야 합니다.

독립된 플레이어들의 선의의 경쟁을 촉진하라

서비스 생태계 내에서는 상생이 중요하지만, 동시에 창의적 경쟁이 일어나야 지속적인 혁신이 가능합니다. 같은 플랫폼 안에서 서로 다른 브랜드·가게가 차별화된 서비스로 경쟁할 때, 전체 생태계의 혁신 속도가 빨라집니다. 애플 앱스토어에는 수백만 개의 앱이 있습니다. 이들은 서로 경쟁하지만, 이 경쟁이 전체 생태계를 건강하게 만듭니다. 더 나은 앱을 만들려는 경쟁이 사용자 경험을 향상시키고, 이는 더 많은 사용자를 플랫폼으로 끌어들입니다. 중요한 건 이 경쟁이 '파괴적'이 아닌 '건설적'이라는 점입니다. 인스타그램의 인플루언서들도 마찬가지입니다. 서로 더 좋은 콘텐츠를 만들려 경쟁하지만, 이 경쟁이 플랫폼 전체의 콘텐츠 품질을 높이고 더 많은 사용자를 유입시킵니다. 경쟁을 통해서 더 나은 생태계가 되고 연결의 범위는 더욱 넓어질 것입니다.

공정한 제도로 신뢰를 단단히 고정하라

잘 꾸려진 협력 생태계가 있다 해도, 법·규제가 발목을 잡을 수 있습니다. 또한 불투명한 운영, 반칙행위가 만연해지면, 구성원 간 신뢰가 깨집니다. 국내에서 택시를 연결하는 카카오택시는 독점적 지위를 확보했기 때문에 무엇이든 마음대로 할 수 있는 위치에 있습니다. 플랫폼이 독점적 지위를 가지면 배차 알고리즘을 악용할 수 있고, 소비자 입장에선 공정한 선택권을 잃게 됩니다.

반면 이베이가 초기에 성공할 수 있었던 건 '평점 시스템' 덕분입니다. 모르는 사람과의 거래에서 신뢰를 만들어낸 것입니다. 우버의 별점 시스템, 에어비앤비의 상호 리뷰, 아마존의 구매 인증 리뷰… 이 모든 것이 낯선 사람들 사이의 거래를 가능하게 만드는 신뢰 장치입니다. 중국의 알리페이는 한발 더 나아갔습니다. 구매자가 물건을 받고 확인할 때까지 대금을 예치하는 '에스크로' 시스템을 도입해, 온라인 거래의 불신을 해소했습니다.

공정거래 규제, 데이터 투명성, 소비자 보호 등을 제도적으로 마련해야, 협력 생태계가 건강하게 유지되고 혁신 서비스가 꾸준히 발전할 수 있습니다.

분명한 리더로 방향성을 제시하라

성공한 플랫폼엔 항상 명확한 비전을 제시하는 리더가 있습니다. 스티브 잡스는 "1,000곡을 주머니에"라는 명확한 비전으로 아이팟을 만들었고, 이는 후에 아이폰 생태계로 진화했습니다. 마크 저커버그는 "세계를 더 개방적이고 연결된 곳으로"라는 비전으로 페이스북을 이끌었습니다. 리드 헤이스팅스는 "클릭 하나로 모든 영상 콘텐츠를"이라는 비전으로 넷플릭스를 비디오 대여점에서 글로벌 스트리밍 플랫폼으로 변신시켰습니다.

협력 생태계 전략이 만드는 혁신 서비스는 더 나은 서비스를 향한 비젼을 제시하는 사람이 있어야 하고 생태계 구성원들이 리더를 따를 때 실현 가능하기 때문에 리더의 역할이 중요할 수 밖에 없습니다. "리더가 없으면 더 민주적이 될 것"이라는 오해가 있지만, 조율자가 전혀 없으면 갈등이 지속되어 결국 혁신 속도가 느려집니다. 이때 리더십은 권위적이어서는 곤란하고, 중립적이고 투명한 조정 능력을 발휘해야 합니다. 좋은 리더십은 생태계 구성원들이 스스로 규칙을 만들어 지키도록 유도하며, 갈등이 생기면 "이해관계를 조정"하고 협력의 장을 열어줍니다.

한국형 혁신 서비스의 가능성

K-플랫폼의 잠재력

한국엔 이미 훌륭한 자산이 많습니다. 세계 최고 수준의 IT 인프라, 높은 교육 수준, 독특한 문화 콘텐츠, 빠른 트렌드 수용성, 세계 최강의 제조 기술 등이 있습니다. 어느 것 하나 중요하지 않은 것이 없지만 이들 중 한 가지를 꼽으라면 국민들의 빠른 트랜드 수용성을 꼽고 싶습니다. 혁신 서비스는 대부분 쌓아 두었다가 팔 수 있는 제품이 아니라 경쟁 과정에서 경쟁력, 즉 서비스 수준이 높아지는 것이기 때문에 혁신 서비스에 대한 시장의 반응이 제일 중요하다고 할 수 있습니다.

카카오택시는 한국의 높은 스마트폰 보급률과 택시 문화를 결합해 성공했습니다. 배달의민족은 한국 특유의 배달 문화에 디지털을 입혔습니다. 웹툰 플랫폼들은 한국의 만화 문화와 디지털 기술을 결합해 새로운 콘텐츠 산업을 만들었습니다. 이제 전 세계가 한국 웹툰을 봅니다.

연결되지 않은 것들을 찾아라

플랫폼 산업에서 한국이 여러 가지 분야에서 앞서가기는 하지만 아직도 연결되지 않은 자원이 많습니다. 아니 시범 사업을 보았을 뿐이고 이제부터 시작해야 한다는 표현이 더 어울릴 것 같습니다.

전국의 수많은 독립서점들, 각자의 매력은 있지만 발견되기 어렵습니다. 이들을 하나의 네트워크로 연결하는 아이디어가 개발될 수도 있을 것입니다. 지역의 전통시장들은 대형 마트들에 밀려서 어려움을 겪고 있지만 지역의 독특한 문화의 가치가 퇴색되어 있는 것을 살리는 길에서 해법을 찾을 수 있을 것으로 보입니다. 은퇴한 전문가들은 도처에 널려 있지만 연결이 부족합니다. 그들은 지식의 보고입니다. 관점에 따라서는 젊은이들보다 오히려 경쟁력이 있다고 볼 수 있을 것입니다. 그들의 지식과 경험, 이를 필요로 하는 스타트업이나 디지털에 밝은 젊은이들을 연결한다면 어떻겠습니까?

함께 만드는 미래가치

소멸 시대의 해답

우리는 역사상 가장 풍요로운 시대를 살고 있지만, 동시에 '가치 소멸'이라는 역설적 위기에 직면해 있습니다. 기술은 발전하지만 일자리는 줄어들고, 경제는 성장하지만 양극화는 심해집니다. 본격적인 AI 시대는 이미 시작되었습니다. 더 많은 전통적인 일자리는 사라지고, 단순 생산은 더 가치가 떨어져서 가치 소멸을 가속화할 것입니다. 협력 생태계 전략은 새로운 가치 창조의 길을 제시합니다. 혼자 독식하는 게 아닌, 함께 파이를 키우는 길. 경쟁이 아닌 협력을 통해 모두가 성장하는 길입니다.

협력 생태계 전략의 본질은 제로섬 게임에서 포지티브섬 게임으로의 전환입니다. 한정된 파이를 나누는 경쟁이 아니라, 협력을 통해 파이 자체를 키우는 것입니다. 플랫폼 제공자, 참여자, 이용자 모두가 함께 성장하는 생태계를 만드는 것이 목표가 되어야 합니다.

협력 생태계 전략에 의해서 만들어지는 혁신 서비스의 성공을 위해서는 첫째, 신뢰 인프라 구축입니다. 평점 시스템, 인증 제도, 보험 체계 등을 통해 낯선 사람들 간의 거래와 협력을 가능하게 만들어야 합니다. 둘째, 공정한 가치 배분입니다. 플랫폼 독점이 아닌 참여자 모두가 정당한 보상을 받는 구조를 설계해야 합니다. 협동조합형 플랫폼, 블록체인 기반 보상 시스템 등이 대안이 될 수 있습니다. 셋째, 제도적 뒷받침입니다. 규제 샌드박스, 사회적 금융, 공공 데이터 개방 등 정부와 공공부문의 적극적 지원이 필요합니다.

가치 소멸을 넘어 가치 창조로

혁신은 천재의 번뜩임에서 나오는 게 아닙니다. 평범한 것들의 특별한 연결에서 나옵니다. 우리 주변을 둘러보고 연결되지 않은 채 흩어져 있는 가치들을 찾아서 연결을 시도하여 합니다. 지역 소멸 현상으로 고민이 많은 지자체들에게 지역 농산물과 도시 소비자를 직접 연결하는 산지 직송 플랫폼은 도시민과 농민들에게 지금보다 더 큰 가치를 줄것입니다. 쇼핑몰이나 SNS와 같은 단순 연결이 아니라 신뢰, 편리성, 문화적 가치를 담는 연결이어야 합니다. 중요한 건 거창한 계획이 아닙니다. 작은 문제 하나를 해결하려는 시도, 흩어진 점들을 연결하려는 상상력, 그리고 함께 성장하려는 마음가짐입니다.

"연결되지 않은 것을 연결하라, 전례 없는 것을 창조하라."

이것이 혁신 서비스가 우리에게 전하는 메시지입니다.

PART 5

혁신 서비스 설계

— 지역사회 · 공공정책

제9장
지방 소멸 대응을 위한 사례연구:
경험가치로 빛어내는 상생의 미래

지방 소멸의 현상에 대한 이해

앞에서 우리가 함께 살펴본대로 지방의 가치 소멸은 디지털 전환 시대를 맞이하여 일어나는 현상의 일부로 이해할 수 있을 것입니다. 지역 소멸 현상의 원인은 여러 가지 관점에서 설명할 수 있지만

참고사항: 9장의 내용은 협력 생태계 전략의 설계 예시를 위하여 특정 지자체를 모델로 작성하였으나 실제와는 거리가 있음을 밝혀둡니다.

지방과 수도권의 경쟁의 관점에서 살펴보면 지방은 지역 내에서 하던 중요한 일들을 대부분 수도권의 플랫폼 기업(온라인 쇼핑, 배달앱, 승차공유 등)으로 빼앗기고 있다는 문제가 가장 크고, 교통의 발달로 인한 의료, 쇼핑, 레저 등의 서비스를 수준이 월등한 인근 대도시로 빼앗기고 있다는 문제가 있습니다. 그리고 농업, 제조업의 가치몰락 등의 문제에 기인한 지역의 가치생산 감소는 가장 중요한 중요한 원인입니다.

지역 소멸 문제를 해결하기 위해서 중앙정부에서는 많은 예산을 지역에 할당하고 있지만 지역정부들이 대부분 그 돈을 어떻게 써야 할지 잘 모르는 상태에서 시설 확충 중심의 정책만 펼치고 있다 보니 해결의 기미가 보이지 않고 있습니다. 지방도시의 대응 능력을 생각해 보면 그 이유가 쉽게 이해가 갈 것입니다. 지방은 대부분 농업과 제조업을 중심으로 기능이 편성되어 있고 지금까지는 중앙정부의 지시대로 수행만 하면 되는 것이었습니다. 이제는 단순한 농업과 제조업으로는 더 이상 일자리 창출을 위한 좋은 수단이 나오기 어렵다는 것은 분명합니다. 그렇다면 같은 업종이라고 하더라도 서비스 혁신에 의해서 더 나은 경제시스템을 만들어야 하는데 대부분의 자치단체는 그런 문제를 다룰 수 있는 기구나 기능을 갖추지 못하고 있습니다.

지방대학 소멸에 대한 이해와 대응 방향

현대 사회는 AI, 로봇, 자동화 기술이 발전하면서 전통적인 제조업 중심의 일자리는 점차 사라지고 있습니다. 과거 대학은 지식을 전달하는 곳에 머물렀지만, 이제는 학생들의 문제 해결 능력, 창의적 사고, 협업 능력을 키워주는 곳으로 변화해야 합니다. 이를 위해서는 지역의 특화 산업과 연결하여 실제 경험을 중심으로 한 교육 프로그램을 운영하는 것이 필수적입니다. 이런 교육 방식은 학생들의 취업과 창업 가능성을 높여줄 뿐 아니라 지역 사회와 대학이 함께 성장할 수 있도록 도와줍니다.

각 지역에는 농업, 관광, 문화, 바이오 산업과 같은 다양한 자원이 있습니다. 이러한 지역 자원들은 대기업 중심의 제조업과 달리, 지역의 특성에 맞춘 인력과 현장에서의 전문성을 필요로 합니다. 따라서 대학이 지역 특화 산업과 연계하여 현장 실습, 인턴십, 프로젝트와 같은 실제 경험을 강조한 교육 프로그램을 만들면, 지역 내 일자리가 늘어나고 산업 발전에도 직접적으로 도움이 될 수 있습니다.

4차 산업혁명 시대에 대학은 단순히 지식을 전달하는 역할에서 벗어나, 새로운 가치를 만들어낼 수 있는 인재를 길러내는 플랫폼으로 변해야 합니다. 학생 개개인의 창의성과 협력 능력을 개발하고, 지역 사회가 가진 문제를 함께 고민하고 해결할 수 있도록 교육 과정을 구성해야 합니다. 학생들은 이러한 교육 과정을 통해 학위를 받을 때 이미 산업 현장에 즉시 투입 가능한 전문가로 성장할 수 있습니다. 미래 인재 교육과 지역산업 활성화라는 두 마리 토끼는 한꺼번에 잡아야 잡히는 토끼라고 생각할 수 있습니다.

Y시의 개요와 발전 방향

Y시는 농업(사과, 인삼, 한우 등), 문화(서원, 고찰 등), 그리고 치유 산업(산림치유, 온천 등)과 같은 다양한 자원을 보유하고 있습니다. 인구는 약 10만 명 정도이고 관내에 전문대학과 4년제 대학인 D대학이 있습니다. 이들 자원은 각각의 분야에서 높은 성장 가능성을 가지고 있을 뿐 아니라, 서로 결합했을 때 더욱 큰 시너지 효과를 낼 수 있습니다.

따라서 D대학교와 Y시가 협력하여 이러한 자원을 활용한 융복합 교육 프로그램, 공동 연구(R&D), 창업 및 취업 프로그램을 운영한다면 다음과 같은 효과를 얻을 수 있습니다.

> 제조 시대에 만들어진 대학의 학과 구성과 커리큘럼이 농업이 기반인 이 지역의 산업 현장과 현재는 맞지 않지만 지역의 대학은 실제 현장과 밀접한 교육을 제공하고 혁신 능력을 키울 수 있습니다.

Y시는 이를 통해 지역 경제가 활성화되고 새로운 인구가 유입되는 등 지속 가능한 발전을 이루어낼 수 있습니다.

> 특히 농업, 문화, 치유 산업은 앞으로도 지속적으로 수요가 있을 것으로 예상되어 잘 관리하고 발전시키면 지역의 안정적인 성장 동력이 될 수 있습니다.

결론적으로, Y시와 D대학교가 함께 협력하여 미래형 인재를 양성하고 지역 특화 산업 생태계를 구축하면, 지방대학과 지역사회가 함께 성장할 수 있는 성공적인 모델을 만들 수 있습니다. 이를 통해 지역 사회가 직면한 다양한 문제들을 해결하고 함께 발전해 나갈 수 있을 것입니다.

협력 생태계 전략의 설계

협력 생태계 전략의 일곱 가지 요소

① **고객.** Y시가 혁신 서비스를 기획한다면 일차적으로는 지역의 시민이 될 것이기 때문에 이미 10만 명의 고정 고객을 확보하고 있다고 할 수 있습니다. 혁신 서비스의 품질에 따라서 고객은 온라인 구매자(소비자), 오프라인 관광객, 치유 서비스 대상자 등 다양한 고객층으로 확산 가능합니다. 품질 등급 및 서비스 정보를 쉽고 투명하게 확인할 수 있어야 구매 및 방문 동기가 강화될 것입니다.

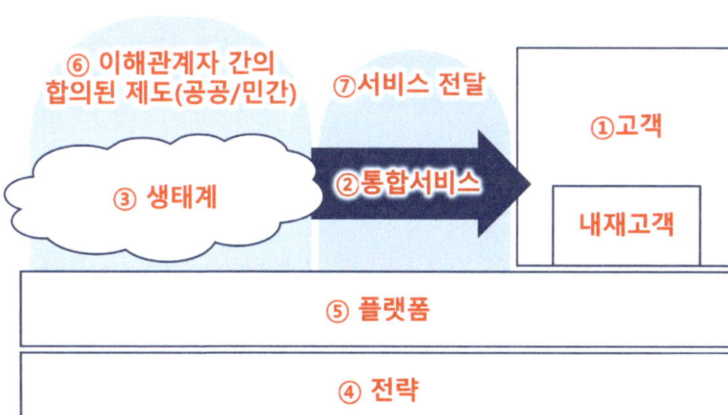

② 서비스. 사과, 인삼 등 농산물 등급화 서비스와 문화 관광 서비스(가이드, 체험 프로그램)를 포함합니다. 등급별, 품질별로 세분화된 정보를 고객에게 제공하여 차별화된 가치를 전달합니다.

③ 산업 생태계. 지역 농가, 유통 업체, 문화 관광 업체, 치유 센터가 품질 표준과 등급화 기준을 준수해야 합니다. Y시 주도로 인증 및 관리 체계를 구축하고, D대학교의 연구 및 교육 지원이 이루어집니다.

④ 전략. 4차 산업혁명 시대로 접어들면서, 제품이나 오프라인 서비스만이 아닌 '서비스-고객-산업 생태계'를 연결하는 플랫폼이 핵심 경쟁력으로 부상했습니다. Y시의 특화 자원(사과, 인삼, 문화 관광 등)을 혁신적인 서비스 모델로 발전시키기 위해서는 품질 등급화, 표준화된 정보 제공, 그리고 온·오프라인 융합이 필수적입니다. 농산물에 대한 엄격한 품질 등급 체계 도입이 필요합니다. 예를 들어 사과의 경우 유기농, 친환경, 일반, 고당도 등으로 등급을 분류하면 온라인 판매 신뢰도와 고객 만족도를 높일 수 있습니다. 인삼도 재배 방식(유기농·친환경 여부)과 품질(수삼의 크기·연수)에 따른 명확한 등급화로 판매 활성화가 가능합니다. 문화 관광 상품 역시 가이드의 숙련도나 체험 프로그램의 수준 등 '서비스 품질 표준'을 마련하여 고객 인식을 높여야 합니다.

⑤ 플랫폼. D대학교가 개발하고 운영해야 하는 플랫폼은 농산물 판매 플랫폼(사과·인삼 등급 표시, 재배 방식·당도·유통 정보 공개)과 문화 관광 서비스 플랫폼(체험 프로그램별 등급, 후기, 평

점 제공)으로 나뉩니다. 실시간 품질 정보와 판매·예약 시스템을 통합하여 고객 신뢰도를 높입니다.

⑥ **제도 혁신.** Y시는 생산, 유통, 판매 전 과정에 걸쳐 품질 등급 인증 및 유통 표준화 제도를 신설합니다. 문화 관광 서비스 품질 기준(가이드 자격, 안전·위생 규정 등)을 마련하고, 행정 절차 간소화 및 사업자 인센티브 제공으로 등급 체계 도입을 독려합니다.

⑦ **서비스 전달.**

- 무형의 서비스 가치: 사과와 인삼에 담긴 지역 특색, 유기농·친환경 가치를 스토리텔링화하고, 문화 관광 자원의 역사, 전통, 예술적 감성 요소를 브랜딩하여 고객 만족을 극대화합니다. 등급화 및 인증을 통해 신뢰도와 브랜드 이미지를 향상시킵니다.
- 전달 노력: 마케팅 팀을 운영하여 품질 등급 및 서비스 스토리를 홍보하고, SNS, 영상, 블로그 등을 통해 고객 소통을 강화합니다. D대학교 교수와 학생들이 참여하여 제품 리뷰, 체험기, 문화 해설 영상 등 실무형 콘텐츠를 제작하고, 지자체는 홍보 예산과 마케팅 활동비를 지원합니다.

역할 분담

성공적인 사업 추진을 위해 D대학교와 Y시의 역할은 다음과 같이 분담됩니다.

D대학교의 역할

- 플랫폼 개발 및 운영: 온라인 판매, 예약, 홍보 시스템 전반을 설

계하고, 빅데이터, AI 등 기술 기반 서비스를 제공합니다. 품질 등급 및 인증 정보가 반영된 UI/UX 설계로 고객 편의성을 극대화합니다.

- 무형 서비스 가치 설계: 사과, 인삼, 문화 관광 자원에 대한 브랜드 컨설팅, 스토리텔링 개발을 담당합니다. 문화, 농업, 보건 분야 교수 및 연구진이 품질 기준(등급) 연구 및 컨설팅을 수행합니다.
- 서비스 전달 노력(마케팅): 학생과 교수로 구성된 전담 마케팅팀을 운영하여 광고, SNS, 온라인 행사 기획, 품질 등급 홍보를 진행합니다. 현장 파견 교육, 캡스톤 디자인 프로젝트 등을 통해 인재 양성 및 실무 경험 축적을 이끌어냅니다.

Y시의 역할

- 제도 혁신 및 행정 지원: 사과·인삼 생산 및 유통 과정에 대한 공적 인증 제도(유기농, 친환경, 당도, 품질 기준 마련)를 도입하고, 문화 관광 서비스 품질에 대한 표준, 안전·위생 규정을 설정합니다. 지역 기업(농가, 관광 업체)에게 인센티브와 교육 지원을 제공합니다.
- 산업 생태계 지원: 농가, 유통 업체, 관광 업체와 협의체를 구성하여 플랫폼 참여를 유도합니다. 행사 및 축제 등을 통해 고품질 등급 제품과 우수 문화 프로그램을 대외적으로 알립니다.
- 재정 지원: 플랫폼 개발비(초기 구축·운영)와 마케팅 팀 운영비를 지원하고, 물류, 관광, 치유 시설 인프라 확충(택배·물류 지원, 관광 안내센터 개선, 문화 시설 정비 등)을 추진합니다.

예산

이 사업은 대학과 지자체가 공동으로 지역 활성화를 목표로 교육과 지역 산업을 연동하는 만큼 다양한 예산이 투입될 수 있습니다. D대학교는 자체 재원이 한정적이지만, 정부 사업(교육부, 농림부, 문체부, 복지부 등), Y시 예산, 민간 펀드 및 기부금 등 외부 재원을 선제적으로 확보하여 농업경영대학, 치유경영대학, 문화예술대학 육성과 지역 소멸 대응 전략을 구체화할 수 있습니다. Y시는 지역 활성화 펀드, 농업 및 문화 관광 예산, 제도 혁신을 통해 기업 및 단체 참여를 독려하고, 사업 추진에 필요한 행정적 및 재정적 지원을 담당함으로써 상생 모델을 이끌 수 있습니다. 중앙부처 공모 사업(RIS, LINC, 지역 특화 산업 지원 사업 등)과 지역 예산(균특, 도비, 시비 매칭)을 연계하여 단계별 투자를 진행한다면, 대학 발전과 Y시 발전을 동시에 이루는 지속 가능한 협력 체계를 구축할 수 있을 것입니다.

기대효과

이러한 협력을 통해 다음과 같은 효과를 기대할 수 있습니다.

- 산업 경쟁력 및 매출 증대: 사과, 인삼을 등급별로 명확히 구분하고 홍보함으로써 고객 선택권이 확대되고 온라인 판매량이 증가할 것입니다. 문화 관광 서비스의 품질 보증으로 고객 만족도와 재방문율이 상승하여 지역 경제가 활성화됩니다.
- 지역 브랜드 및 이미지 향상: Y시가 주도하는 공적 인증 및 품질 등급 제도는 '믿고 사는 Y시 사과 · 인삼', '신뢰도 높은 문화 관

광 도시'라는 이미지를 구축할 것입니다. 안전하고 친환경적인 고품질 브랜드로서 국내외 시장 진출 가능성을 확대할 수 있습니다.

- 지방대학 혁신 및 전문 인력 양성: D대학교가 플랫폼 운영과 마케팅 활동을 주도함으로써 학생들의 디지털, 경영, 홍보 역량을 키울 수 있습니다. 등급화, 품질 관리, 서비스 디자인 분야의 전문 인력을 양성하여 지역 산업에 공급합니다.
- 지역 경제·서비스 산업 구조 고도화: 농업, 문화 관광 등 1차 및 3차 산업의 결합으로 고부가가치 융복합 산업이 형성됩니다. 온라인 플랫폼 및 품질 인증 연계를 통해 비대면 시장이 활성화되고 스마트 행정 기반이 확충됩니다.
- 공동체 신뢰 및 시너지 효과: 농가, 유통 업체, 관광 업체, 공공기관, 대학이 품질, 인증, 스토리텔링 등 하나의 목표를 가지고 협업하여 강력한 산업 생태계를 구축합니다. 고객과 관광객은 투명하고 신뢰할 수 있는 상품 및 서비스를 경험하고, 지역사회는 지속 가능한 성장을 달성합니다.

결론적으로, 품질 등급 체계와 제도 혁신은 사과·인삼·문화 관광과 같은 Y시 특화 자원을 고부가가치 서비스로 전환하는 핵심 요소입니다. D대학교는 플랫폼(온라인 판매·예약·홍보), 무형 서비스 가치 기획, 마케팅팀 운영을 담당하여 지역 산업의 경쟁력을 높이고 실무형 인재를 배출할 수 있습니다. Y시는 제도 혁신(등급·인증제 도입, 행정 절차 간소화), 재정 지원(플랫폼 구축비·마케팅 운영비), 인센티브 부여 등을 통해 산업 생태계를 활성화하고 지역 브랜드 이미지를 제고할 수 있습니다. 이를 통해 Y시는 '믿고 구매하는 농산물·체험하는 문화 관광 도시'로 자리매김하고, D대학교는 지역 사회에 기여하는 동시에 혁신 교육 모델을 정착시켜 대학의 경쟁력을 높이는 상생 효과를 기대할 수 있습니다.

D대학 운영모델 설계

사업의 개요

기존에 설치된 학과들을 바탕으로 지역의 산업적 특성에 맞는 농업경영대학, 치유경영대학, 문화예술경영대학을 신설·운영합니다. 주요 목적은 Y시의 특화 자원인 농업(사과, 인삼 등), 치유, 문화 분야의 인재를 양성하고, 현장 파견 교육과 ICT 플랫폼을 통해 지역 산업의 경쟁력을 높이며 상생을 도모하는 것입니다. 더불어 대학의 새로운 교육 체계를 구축하여 지방대학 혁신 모델을 확립하는 데도 기여할 것입니다. 협력 기관으로는 Y시청, Y시 농업기술센터, 지역 병원 및 치유센터, 문화예술 단체, 사과·인삼·치유 관련 산업체 및 공공기관 등이 참여합니다.

추진 전략 및 핵심 과제

주요 추진 전략은 다음과 같습니다.

- 특화 단과대학 신설 및 학과 재배치: 기존 학과를 농업경영대학, 치유경영대학, 문화예술대학으로 재편하고 융복합 교육 과정

을 도입하여 농업, 치유, 문화 분야의 전문 역량을 높입니다.

- 현장 파견 교육을 통한 상생 체계 구축: Y시 내 관련 업체 및 공공 기관으로 학생과 교수진을 파견하여 현장 학습을 수행합니다. 이를 통해 기업 및 기관은 인력 지원과 아이디어를 얻고, 대학은 실무 역량 강화 및 취업 기회를 확대할 수 있습니다.
- 특화된 ICT 플랫폼 개발·운영: 현장 교육 지원 플랫폼(파견 학생 관리, 실습 과제 공유, 평가 및 피드백 등)과 산업 연계 플랫폼(사과, 인삼, 치유 산업 등에서 고객과 사업체를 연결, 온라인 판매 및 마케팅 지원, 학생 참여형 사업화 모델 구현)을 개발·운영합니다.
- 마케팅 전담팀 구성으로 지역 이미지 제고: 각 단과대학의 교수와 학생들로 구성된 'Y시 서비스마케팅 TF'를 운영하여 지역 특화 서비스를 전국 및 글로벌로 홍보하고, 축제 및 이벤트 기획, SNS 홍보 등 실무형 경험을 제공합니다.

단과대학별 운영 방안

농업경영대학

- 설치 목적: Y시 특산물인 사과, 인삼 등을 중심으로 생산, 가공, 유통, 마케팅 전 과정을 이해하는 전문 인력을 양성하고 스마트 농업 및 6차 산업화를 선도합니다.
- 주요 학과/전공 예시: 스마트농업전공(농업ICT, 빅데이터, 친환경 농업기술), 식품가공 및 유통 전공(식품공학, 가공기술, 유통·물류, 브랜드 개발), 농업경영 전공(농업경제, 창업·협동조합, 농촌관광) 등이 있습니다.

- 현장 파견 교육: 지역 농가, 농협, 가공업체 등에 정기적으로 학생들을 파견하여 실습 및 인턴십을 진행하고, 파견 내용을 ICT 플랫폼에 기록하고 공유합니다.
- 특화된 ICT 플랫폼 활용: 온라인 농산물 판매 플랫폼(사과·인삼 전문관 등) 운영에 학생들이 실무자로 참여하고, 고객 데이터 분석 및 상품 기획 프로젝트를 통해 산업 경쟁력 제고와 학생 실무 역량 강화를 동시에 추구합니다.

치유경영대학

- 설치 목적: 산림치유, 온천, 재활·보건 등 치유 산업 전반을 아우르는 융복합 인재를 양성하고, 고령화 시대에 대응하는 치유 및 웰니스 서비스 전문성을 확보합니다.
- 주요 학과/전공 예시: 산림치유·웰니스전공(숲해설, 자연치유, 산림관광), 재활치료·보건전공(물리치료, 작업치료, 보건행정, 노인복지), 심리상담·치유전공(임상심리, 스트레스 관리, 치유 프로그램 기획) 등이 있습니다.
- 현장 파견 교육: 지역 병원, 치유센터, 요양시설 등에서 임상 실습을 진행하며, 실습 과정을 ICT 플랫폼에 등록하여 실시간 코칭 및 데이터 분석(예: 재활 효과 평가)을 제공합니다.
- 치유 산업 연결 플랫폼: 온천, 숲치유, 요양 시설과 고객을 연결하는 서비스 플랫폼을 운영하고, 학생들은 고객 응대, 프로그램 기획, 홍보 등을 실습하며 치유 산업의 미래 서비스 모델을 학습합니다.

문화예술경영대학

- 설치 목적: 지역 문화유산(소수서원, 부석사 등)과 전통 예술 자원을 활용한 문화 콘텐츠 및 예술 경영 전문가를 양성하고, 지역 축제, 공연, 전시의 기획 및 운영 역량을 키웁니다.
- 주요 학과/전공 예시: 문화콘텐츠 전공(스토리텔링, 영상·미디어, 온라인 플랫폼 기획), 공연예술 전공(공연기획, 무대연출, 실연), 문화도시 전공(문화행정, 도시설계, 축제 기획) 등이 있습니다.
- 현장 파견 교육: 지역 문화재단, 축제 기획사, 예술 단체 등에 프로젝트형 파견(공연 제작, 행사 운영 등)을 보내며, 파견 시 발생한 문제 해결 과정을 ICT 플랫폼에 공유하여 실시간 전문가 피드백을 받습니다.
- 마케팅 전담팀 구성: 지역 축제, 문화 행사, 관광 프로그램을 전담 홍보하고, 학생들이 온·오프라인 광고, SNS, 미디어 콘텐츠 제작에 참여하여 실무 스킬을 쌓습니다.

학과 재배치 및 교수 자원 구성

기존 학과를 다음과 같이 재편합니다.

- 농업·식품 관련 학과를 농업경영대학으로
- 간호, 물리치료, 재활 치료 등 보건 계열 일부를 치유경영대학과 연계
- 관광, 호텔외식, 문화 콘텐츠 관련 전공을 문화예술대학 소속으로

현장 지도 교수 및 파견 지도 교수제를 도입하여 Y시 산업체(농업, 치유센터, 문화재단 등) 및 공공기관 전문가를 겸임 또는 초빙 교수로 위촉합니다. 이들은 파견 교육 시 학생 관리, 현장 지도, 프로젝트 평가를 수행합니다. 융복합 교육을 위해 각 대학 교수들이 공동 프로젝트나 협동 강의를 운영하며, 디자인, 경영, 문화, 보건 등 다학제 협업을 통해 창의적인 교육 시너지를 극대화할 것입니다.

교육 과정 및 운영 방안

- 현장 파견 교육과 PBL(Problem Based Learning) 결합: 학기 중 및 방학 중 파견 교육을 통해 농산물 신제품 기획, 치유 프로그램 개선, 축제 기획 등 실제 과제를 수행합니다. 프로젝트 결과물은 ICT 플랫폼에 공유하고 발표하여 상호 학습 및 피드백을 진행합니다.
- ICT 플랫폼 개발·운영: 학생 파견 일정, 실습 기록, 평가 관리, 멘토링 시스템을 포함하는 교육 관리 플랫폼과 사과·인삼·치유 관련 기업과 고객을 연결하는 산업 플랫폼(온라인 상품 판매, 예약, 후기 공유, 빅데이터 분석 등)을 개발합니다. 학생들은 플랫폼 기획 및 운영에 직접 참여하여 미래 서비스 산업 역량을 습득하게 됩니다.
- 마케팅 전담팀 운영: 각 단과대학 또는 대학원별 마케팅 TF를 구성하여 Y시 특화 서비스를 전국 및 글로벌로 홍보합니다. SNS, 유튜브, 블로그 등 디지털 마케팅과 오프라인 캠페인 등을 수행하며, 학생들은 실무 경험을 쌓고 지역 산업은 홍보 및 판매 채널 확대의 혜택을 얻습니다.

- 창업 및 R&D 지원: 대학 내 창업 보육센터와 연계하여 농업 스타트업, 문화 콘텐츠 및 치유 관련 벤처기업 창업을 지원하고, 산학 협력 프로젝트로 정부 및 지자체 R&D 공모에 참여하여 산업체와 공동 기술을 개발합니다.

재원 확보 및 예산 계획

이 사업은 대학과 지자체가 공동으로 지역 활성화를 목표로 교육과 지역 산업을 연동하는 만큼 다양한 예산이 투입될 수 있습니다.

- 인프라 및 플랫폼 구축 비용: ICT 개발비(교육 관리 플랫폼, 산업 연계 플랫폼 구축), 현장 교육 지원비(파견 학생 교통비, 실습비, 현장 지도 교수 수당), 홍보·마케팅 운영비(마케팅 전담팀 활동) 등이 필요합니다.
- 재원 마련 방안: 정부 및 지자체 지원금(지방대학 혁신 지원 사업, 지역 특화 산업 지원 사업, 지역 활성화 펀드 등), 산업체 스폰서십(Y시 기업 및 단체 참여를 통한 산학협력 기금 조성), 대학 자체 예산 재조정 및 기부금 확보 등을 통해 마련할 수 있습니다.

D대학교는 자체 재원이 한정적이므로, 정부 사업(교육부, 농림부, 문체부, 복지부 등), 상위 지방정부 및 Y시 예산, 민간 펀드 및 기부금 등 외부 재원을 선제적으로 확보하여 농업경영대학, 치유경영대학, 문화예술대학 육성과 지역 소멸 대응 전략을 구체화할 수 있습니다. Y시는 지역 활성화 펀드, 농업 및 문화 관광 예산, 제도 혁신을 통해 기업 및 단체 참여를 독려하고, 사업 추진에 필요

한 행정적 및 재정적 지원을 담당함으로써 상생 모델을 이끌 수 있습니다. 중앙부처 공모 사업(RIS, LINC, 지역 특화 산업 지원 사업 등)과 지역 예산(균특, 도비, 시비 매칭)을 연계하여 단계별 투자를 진행하면, 대학 발전과 Y시 발전을 동시에 이루는 지속 가능한 협력 체계를 구축할 수 있을 것입니다.

함께 만드는 밝은 미래

D대학교와 Y시 간의 상생 프로젝트가 성공적으로 추진된다면, D대학교는 현장 밀착형 교육 혁신과 재정 안정화를 이루고 지역 특화 학문 분야에서 국내 최초이자 최고의 선도 대학으로 성장할 것입니다. Y시는 농업, 치유, 문화 자원을 극대화하여 인구 유입, 일자리 창출, 경제 활성화를 실현하고 소멸 위기에 효과적으로 대응할 수 있습니다.

이러한 지속 가능한 협력 생태계가 성공적으로 자리 잡는다면, 지역 소멸이라는 위기를 지역의 잠재 자원과 대학의 역량으로 극복하고, 지방대학 혁신의 모범 사례로서 국내외에 널리 알려질 것입니다. 궁극적으로는 지자체와 대학이 함께 번영하는 상생의 효과를 거둘 수 있을 것으로 기대합니다.

제10장
소멸 조직의 혁신 추진 동력

소멸위기 조직의 혁신 딜레마

현재 우리는 급변하는 시대의 한가운데 서 있습니다. 글로벌 경제는 제조업에서 서비스와 지식 기반 산업으로 빠르게 변모하고 있습니다. 관광, 문화, 지역 특화 서비스처럼 새로운 부가가치를 창출하는 산업이 부상하는 이 시점에서, 지방의 경우는 단순히 인구의 감소나 지역경제의 축소를 의미하는 것을 넘어 지역의 자생력 자체가 사라질 위험을 내포하고 있습니다. 중앙정부 주도의 획일적인 정책으로는 개별 지역이 가진 고유한 문제를 해결할 수 없습니다. 이와 같은 맥락에서 지방자치단체(지자체)는 독자적으로 미래를 설계하고 실행할 수 있는 전략적 기획 조직의 필요성을 절실히 느끼고 있습니다. 대학의 경우는 단순히 지식을 전달하는 곳이 아니라 문제 해결 능력, 창의적 사고, 협업 능력 등 인간 고유의 강점을 극대화하는 교육 방식을 모색해야 합니다.

이러한 변화에 대한 준비는 모든 조직에게 필수적이지만, 특히 '소멸 조직'이라는 위기에 처한 지방자치단체(이하 지자체)와 지방대학에게는 더욱 절실한 문제입니다. 새로운 형태의 혁신을 위해 완벽하게 준비된 조직은 사실상 찾아보기 어렵습니다. 대기업의 기획실 정도가 있겠지만, 이마저도 대부분 영역이 한정되어 있습니다. 산업 융합 관점에서 혁신은 자금, 조직, 제도를 아우르는 권한을 가진 지도자나 이를 대신할 수 있는 조직만이 추진 가능합니다. 이러한 한계점을 인식하고, 더욱 열악한 환경에 놓인 소멸 조직이 어떤 관점에서 혁신에 접근해야 하는지 이해하는 것이 중요합니다.

현재 많은 분야에서 전문성이 깊어지면서, 소위 '사일로 효과'라 불리는 현상으로 인해 영역 간 협업이 어려워지고 있습니다. 특히 지방 소멸과 지방대학 소멸 현상이 심각한 지역의 경우, 혁신을 위한 조직과 인력을 확보하는 것은 더욱 어려운 과제입니다. 이 장에서는 이러한 지방의 현실을 고려하여, 지방을 위한 전략 조직의 필요성과 형태를 설명하고, 지속적인 혁신을 위한 미래 인재 양성의 필요성과 그 방법을 구체적으로 논의하고자 합니다.

혁신을 위한 전략 조직: 필요성과 형태

지방 소멸이 가속화되는 상황에서, 지자체가 생존하기 위해서는 다양한 정책 수단을 고루 이해하고 적극적으로 활용해야 합니다. 행정안전부의 지방 소멸 대응 기금, 국토교통부의 도시 재생 사업과 스마트 시티 사업, 농림축산식품부의 농촌 뉴딜 사업, 해양수산부의 어촌 뉴딜 사업, 문화체육관광부의 문화 도시 및 스마트 관광 사업, 광역자치단체의 지역활성화펀드 등 각 부처마다 수많은 지원 사업이 쏟아지고 있습니다. 문제는 이러한 사업들이 고도의 전문 지식을 요구하는 영역들이라는 점입니다. 현장에서는 지자체 내부에 이러한 다양한 분야의 전문성을 종합적으로 다룰 기획 조직이 사실상 부재한 경우가 많습니다. 이러한 한계를 극복하고 지자체가 스스로 미래 전략을 수립하고 시행할 역량을 갖추기 위해서는 전담 조직이 반드시 필요합니다.

디지털 전환 시대의 전략 개발 조직

현대 사회 변화의 핵심은 디지털 기술입니다. 그러나 대부분의 지자체에는 디지털 전환을 선도하거나 기획하는 부서가 없고, 관련 전문 인력 또한 턱없이 부족합니다. 과거 정보화 시대에 CIO(정보화 담당 임원) 제도를 도입했던 것처럼, 이제는 더욱 넓은 차원의 지식과 기술을 다룰 수 있는 "전략 개발 조직"이 필요합니다. 특히 농업, 문화 예술, 관광, 제조업, 도시 재생 등 각 영역마다 요구되는 역량이 다른 데다, 디지털 기술을 융합하는 과정에서 또 다른 전문성이 더해집니다. 이러한 복합적인 환경에서 지자체가 생존하기 위해서는 '도전하면서 보강해나가는' 과정을 제도화할 수 있는 기획 조직이 반드시 필요합니다.

단체장 직속 혁신 태스크포스(TF): 강력한 추진 동력

혁신 전략 조직으로 가장 먼저 고려되는 모델은 '단체장 직속 태스크포스(TF)'입니다. 이는 목적과 의지를 분명히 하고, 시장이나 군수, 대학의 경우 총장과 같은 단체장의 강력한 권한 아래 부서 간 협력과 통합 기획을 이끌어낼 수 있다는 점에서 조직적으로 가장 강력한 방식이라 할 수 있습니다. 공모 사업 대응이나 예산 편성 주기가 일정치 않아도, TF는 단기간(보통 3~6개월) 안에 핵심 전략 초안을 마련하고 시범 사업을 시도해 볼 수 있습니다. 이러한 빠르게 추진하는 기획 방식은 디지털 시대와 잘 맞아떨어집니다. TF가 제대로 작동하기 위해서는 총괄 책임자와 실무팀뿐만 아니라 외부 전문가, 행정 각 부서 담당자, 시민, 농민, 문화 예술계 등 다양한 이해관계자의 폭넓은 참여가 필수적입니다.

지자체를 일종의 '서비스 기업'으로 본다면, 혁신 TF의 존재 이유는 더욱 명확해집니다. 기존에 지자체가 행정 업무의 효율화를 위해 부서를 세분화했다면, 이제는 디지털, 문화, 관광 등 여러 분야를 결합하여 새로운 서비스를 창출하는 역할이 필요합니다. TF는 이러한 융합적 접근을 통해 "어떤 고객에게, 어떤 가치 있는 경험을 줄 것인가"라는 질문을 중심으로 정책을 기획해야 합니다. 예산 확보나 인프라 구축도 중요하지만, 사후 운영까지 고려하여 지역 경제에 실질적인 부가가치가 남도록 해야 합니다.

서비스 중심의 지역 비즈니스 모델 설계

지자체가 시민과 외지인에게 제공하는 행정, 축제, 농업 지원 등 모든 것을 사실상 '서비스'라는 관점에서 바라보면 계획 수립 과정이 훨씬 명확해집니다. 예를 들어 축제를 기획할 때, 단순히 행정적으로 단기 행사를 치르는 것이 아니라 최고의 서비스로 만들기 위해 무엇이 필요한지 질문을 던져야 합니다. 이때 '축제는 지역 대표 서비스'라는 인식을 바탕으로, 어떻게 하면 축제를 통해 지역 산업을 활성화하고, 축제 자체의 콘텐츠를 매년 누적·발전시킬 수 있을지 고민하게 됩니다.

단순히 지자체가 예산만 투입하고 외부 업체에 운영을 맡기는 방식으로는 막대한 비용에도 불구하고 이렇다 할 성과 없이 끝나는 경우가 많습니다. 인프라 중심으로 투자하는 대부분의 지자체는 전문성 부족으로 사후 운영이 부실해지는 상황이 반복되고 있습니다. 공모 사업으로 큰 예산을 확보했더라도 장기적으로는 유지·관리비만 늘어날 뿐입니다. 따라서 축제든 관광 시설이든, 그것을 어떤 방식으로 기획하고 운영하며, 어떻게 시민이나 관광객에게 최고의 경험을 제공하고, 그 결과가 다시 지역 산업과 어떤 선순환 구조를 일으킬지까지 구체적으로 설계해야 합니다.

여기서 디지털과 문화 예술의 융합은 결정적인 역할을 합니다. 기존 농산물이나 지역 자원에 IT 기술과 문화적 스토리텔링을 더하면, 전혀 다른 부가가치를 창출할 수 있기 때문입니다. 그러나 이렇게 융합된 서비스 아이디어는 지자체 내부 각 부서가 개별적으로 움직여서는 실현하기 어렵기 때문에, 결국 통합 기획과 실행을 주도할 혁신 TF가 핵심이 됩니다.

융합 전략을 위한 예산 재배치와 우선순위

많은 지자체가 미래를 대비해야 한다고 강조하지만, 실제 예산 편성은 여전히 과거 방식에 묶여 있는 경우가 많습니다. 일회성 행정 행사나 유지·보수에 집중하는 동안, 정작 디지털 플랫폼이나 문화 예술 융합 프로젝트에는 적절한 지원을 하지 못합니다. 이러한 문제를 해결하기 위해서는 TF가 큰 그림을 그리고 예산의 우선순위를 재조정해야 합니다. 단순히 '관광 분야' 예산이 많다고 해서 성공이 보장되는 것은 아니며, 축제가 단발성으로 끝나지 않도록 운영 체계까지 설계하는 것이 더욱 중요합니다.

예산 재배치를 위해서는 혁신 TF가 직접 사업 타당성을 검토하고, '실제로 지역이 원하는 서비스'를 선정하여 추진해야 합니다. 외부 용역 회사에만 의존하면 예산만 확보하고 나서 실행 과정에서 전문 인력 부족으로 실패하는 경우가 잦습니다. 한편, 중앙 정부 공모 사업이나 지방 소멸 대응 기금과 같은 제도는 '지자체가 스스로 계획을 수립하여 대응할 것'을 요구하고 있으므로, 내부 기획 조직의 전문성과 역량이 더욱 중요해졌습니다.

제도적 보완과 거버넌스 체계: 협력 생태계의 완성

아무리 훌륭한 전략 조직이 있더라도, 지자체 내부 제도가 이를 뒷받침하지 못하면 정책 실행력이 떨어집니다. 이를 위해서는 부서 간의 칸막이를 낮추는 조직 개편, 인사 시스템 개혁, 행정 절차 간소화 등이 뒤따라야 합니다. 특히 '협력 생태계'를 지향하려면, 산·학·연·민 등 다양한 주체와의 협의체를 운영하여 전문가 의견을 수렴하고 결과를 평가·보완해야 합니다.

시민 참여는 매우 중요합니다. 축제나 공공 사업 하나를 진행하더라도 주민의 적극적인 참여 없이는 '관 주도 행사'로 끝날 가능성이 큽니다. TF는 주민들이 제안한 아이디어를 공모받거나, 공청회와 현장 설명회를 마련하여 다양한 의견을 수렴할 수 있어야 합니다. 시민들이 참여는 그들의 경제활동에 도움이 되도록 생태계 차원에서 설계해야 지속적 참여가 이루어질 것입니다. 디지털 시대를 맞아 온라인 플랫폼을 활용한 상시 소통도 주목받고 있습니다. 이러한 방식으로 정책 과정을 투명화하면, 공공 사업에 대한 신뢰도가 높아지고 정책 효과도 극대화될 것입니다.

결론적으로, "지자체를 하나의 서비스 기업으로 보고, 정책도 '최고의 고객 경험'을 창출하는 것에 초점을 맞추자"는 주장은 이제 더 이상 낯설지 않습니다. 지방 소멸의 위험 속에서 지역이 살아남으려면, 바로 이러한 관점 전환과 함께 '전략 개발 조직'을 통해 기획력을 키워야 합니다. 단체장이 주도하는 혁신 TF가 3~6개월 내에 핵심 사업 초안을 마련하고, 예산과 인력을 조정하여 시범 사업을 실행하는 방식으로 과감히 움직여야 한다는 목소리가 힘을 얻고 있습니다. 여기에 디지털 전문가, 문화 예술 인재, 농업·관광 실무자 등이 골고루 참여한다면, 전문 지식과 현장 감각이 융합된 실행 계획이 수립될 가능성이 훨씬 높아집니다.

이 모든 과정을 통해 지자체 내부에 축적되는 시행착오와 학습이야말로, '도전하면서 보강해나가는' 동력이 됩니다. 결과적으로, 단 한 번의 공모 사업 성공을 넘어, 중·장기적으로 시민의 삶을 개선하고 지역 경제를 활성화할 수 있는 지속적인 모델을 만들 수 있다는 희망이 생깁니다. 그러한 도전 정신이 곧, 가치 소멸의 시대를 넘어서 인간을 다시 중심에 놓는 전환점이 될 것입니다.

혁신 TF가 만들어질 때, 그 안에서 주고받는 다양한 지식과 의견이 실제 프로젝트로 이어지고, 다시 경험으로 환류되는 선순환 구조가 확립되면, 지자체가 처한 위기 상황은 오히려 새로운 가능성의 장으로 바뀔 수 있습니다. 다만, 이 모든 것은 "행동해야 한다"는 전제 위에서만 작동합니다. 고착화된 관행과 제도에서 벗어나 변화와 융합을 수용하는 과정은 결코 쉽지 않지만, 그 길이야말로 "가치 소멸을 넘어 인간을 중심에 놓는" 진정한 해법이라는 점을 재차 강조하고 싶습니다.

지속적인 혁신을 위한 미래 인재 양성

인류역사에서 교육은 항상 중심에 있었습니다. 다만 그것이 오늘날의 형태와 달랐을 뿐이지 우리 사회를 지탱하는 가장 큰 힘은 항상 교육에 있었습니다. 교육의 형태는 현장 경험 중심이었습니다. 산업 시대를 거치는 동안 획일적 대량 생산시스템을 유지하기 위한 교육은 주입식이 적절했다고 보입니다. 토론식 교육이라고 할지라도 교육의 대량생산시스템이 아닌 것은 아닙니다. '가치 소멸의 시대'란 우리가 오랫동안 믿어왔던 산업과 문화, 그리고 교육적 가치들이 빠르게 퇴색되고 무의미해지는 흐름을 가리킵니다. 디지털 기술이 쏟아내는 혁신, AI가 몰고 오는 일자리 충격, 그리고 문화 예술마저 거대 플랫폼에 잠식되는 현상은 이제 한두 가지 사례를 넘어선 지 오래입니다. 이 거대한 변화 속에서 "다시 인간을 중심에 놓기 위해" 우리는 과연 어떤 '인재'를 길러내야 하고, 또 어떤 '제도적 장치'를 혁신해야 할까요?

이제 우리는 우리사회를 지속가능하게 하기 위한 인력 양성시스템에 대해서 근본적으로 다시 생각해야 합니다. 주어진 환경에서 새로운 가치를 발견하고 획득을 하는데 필요한 지식을 얻는 과정이 미래 사회와 산업 시대 이전의 시대가 크게 다를 것은 없어보입니다. 교육의 비용을 비교해 보자면 원시 시대나 농업 시대의 현장 교육에서는 교육의 비용이 거의 없었다는 것을 알 수 있을 것입니다. 미래 교육을 위해서는 비용이 문제가 아니라 시스템이 문제입니다.

이 장에서는 인재 양성이 가치 소멸을 극복하는 데 핵심적인 이유를 살펴보고, 교육, 노동, 행정 등 다양한 제도가 어떻게 새롭게 정비되어야 하는지 논의합니다. 결국 인간 중심의 미래를 위해서는 단순히 지식이나 기능을 가르치는 교육을 넘어, 창의성과 협업 능력, 문화 예술 감수성, 디지털 역량을 고루 키워낼 수 있는 시스템이 필요합니다. 그리고 이러한 인재를 받아들여 활용할 수 있는 제도적 기반, 즉 제도 혁신이 뒷받침되지 않으면, 혁신은 구호로만 끝나기 쉽다는 점을 함께 살펴보려 합니다.

인간 중심의 미래: 왜 인재 양성이 관건인가?

가치 소멸이 가속화되는 지금, 많은 기업과 기관은 차세대 성장 동력을 고민합니다. 하지만 정작 "누가" 그것을 만들어낼지에 대해서는 구체적인 답을 내놓지 못하는 경우가 흔합니다. AI가 빠르게 영역을 확장한다 해도, 결국 새로운 서비스나 문화, 지속 가능한 경제 질서를 형성하는 것은 사람의 창의력과 협업 능력입니다. 기계는 효율과 반복에 강하지만, 인간은 사회적 관계를 형성하고 감성적·문화적 창조를 이끌어내는 유일한 존재로 남아 있습니다.

“다른 나라에는 왜 우리처럼 빠르게 지역·산업·인재가 소멸되지 않을까?” 이 질문의 답을 찾아보면, 의외로 그 해법이 인재 육성과 제도 혁신에서 비롯된 경우가 많다는 것을 알 수 있습니다. 예를 들어, 핀란드와 스웨덴이 문화와 기술을 결합하여 새로운 산업을 창출하고 복지까지 확립한 과정에는 기초·고등 교육의 혁신이 결정적으로 작용했다는 평가가 있습니다. 그들은 창의성, 협력, 실습 위주의 교육에 과감히 투자했고, 동시에 이를 받아들일 수 있는 제도와 재정 지원을 갖춰 인간 중심의 발전 모델을 만들어냈습니다.

창의·감성·협업 능력을 키우기 위한 교육 혁신

가치 소멸 시대를 넘어 “인간을 중심에 놓는” 미래를 설계하려면, 창의성과 감성, 협업 능력을 배양하는 교육이 필수적입니다. 이는 “지식 암기”가 아니라, 경험 중심으로 현실의 문제를 해결해 보는 과정에서 습득되는 역량입니다. 문화 예술 교육이 중요한 이유도 여기에서 찾을 수 있습니다. 미학과 예술적 감수성을 기르는 활동은 인간이 일상에서 가치를 느끼고 공감하게 하며, 새로운 관점을 받아들이도록 돕습니다.

하지만 교육을 이렇게 혁신하는 것은 한편으로 비용 문제와 교육 현장의 저항을 수반합니다. 교사도, 제도도, 예산도 기존의 방식에 최적화되어 있기 때문입니다. 예를 들어, 프로젝트 수업을 늘리거나 문화·디지털 체험 교육을 강화하려면, 교사 재교육과 시설 정비, 그리고 행정적 뒷받침이 있어야 합니다. 그럼에도 불구하고, 인간 중심 교육으로 가는 길은 선택이 아니라 필수가 되어 가고 있습니다. 이미 AI가 상당수 반복 업무와 지식 습득을 대체하는 시대에서, 인간만의 강점—즉, 공감과 협업, 독창적 아이디어—을 살리는 교육을 포기하면, 가치 소멸은 더 빨리 찾아올 수밖에 없기 때문입니다.

디지털·문화 융합 시대의 "제도 혁신"

인재를 제대로 키우려 해도, 현재의 제도적 틀은 여전히 산업 시대 패러다임에 머물러 있습니다. 노동 시장 제도만 보더라도, 중앙 집중적 자격 기준과 획일적 취업 절차가 주를 이루며, 문화·디지털 경계에서 탄생하는 새로운 직업들을 반영하기에는 매우 경직되어 있습니다. 그러다 보니, 교육을 혁신한들, 배운 인재가 제 역량을 펼칠 자리도, 정당한 보상을 받을 체계도 충분치 않습니다.

"새로운 직업이 생겼는데, 제도가 따라가지 못해 음지로 숨어든다"는 이야기는 심심찮게 들립니다. 'SNS 콘텐츠 기획자', '디지털 아트 작가', '문화 이벤트 프로듀서' 등은 얼마 전까지만 해도 정식 직종으로 인정받기 어려웠습니다. 이러한 상황에서는 인재 양성도 쉽지 않습니다. 따라서 제도 혁신은 곧, 인재가 새로운 서비스와 가치를 창출할 수 있도록 법, 정책, 행정 체계가 유연하게 바뀌는 것을 의미합니다. 예를 들어, 크리에이터와 문화 예술인을 위한 세제와 사회 보장 제도를 개선하거나, 직무 기반 자격 인증을 새로 만들어 '디지털 예술 디렉터', '문화 체험 가이드' 같은 역할을 정식으로 인정해 줄 수 있습니다. 또한, 교육 기관과 산업 현장이 긴밀하게 연동하도록 산학연 협력 체계를 다시 설계하는 제도 혁신도 중요합니다. 대학에서 실무 경험을 쌓은 학생이 졸업과 동시에 디지털·문화 융합 기업으로 이어지게끔 지원하고, 기업은 학생들의 학습과 실습을 토대로 혁신 상품을 개발하는 식입니다. 이때 지자체나 정부가 '중간 지원 조직' 역할을 하여 인턴십 보조금이나 공동 연구 개발(R&D) 자금을 마련해 줄 수 있습니다. 이처럼 제도적 뒷받침이 없으면, 인재 양성이든 혁신 서비스 개발이든 모두 공상에 그치고 말 것입니다.

"인간을 중심에 놓는" 제도 혁신: 사례와 시사점

스웨덴의 크리에이티브 비즈니스 컵(Creative Business Cup) 사례를 보면, 문화 예술 분야의 청년 창업가에게 세금 감면과 멘토링, 투자 연계를 제공함으로써 예술, 디지털, 사회적 가치를 결합한 스타트업이 크게 성장하도록 도왔습니다. 이는 "예술·문화도 산업"이라는 전환에서 출발했고, 정부, 교육 기관, 투자자가 새롭게 만든 제도 속에서 인재가 활약할 무대를 갖춘 덕분입니다.

비슷하게 핀란드는 대학과 직업 훈련소가 협업하여 게임 디자인이나 디지털 음악과 같은 전문 과정을 운영하고, 국가 차원의 스타트업 지원 정책과 결합해 전 세계에 통하는 콘텐츠를 생산해냅니다. 애초에 "여러분이 만들고 싶은 가치가 있다면, 우리가 제도적으로 도와주겠다"는 마인드가 깔려 있습니다. 이러한 문화와 정책 덕분에 핀란드는 작은 인구 규모에도 불구하고 혁신적인 게임, 음악, 디자인 산업에서 영향력 있는 기업을 여럿 배출했습니다.

즉, “인간을 중심에 놓는” 제도 혁신이란, 문화, 디지털, 예술, 서비스 등 다양한 분야에서 발생하는 신규 직업과 가치를 공식적인 인정 체계로 끌어들이고, 교육, 지원, 사업화를 아우르는 안정적인 생태계를 마련하는 것을 뜻합니다. 단순히 “예술가를 지원한다”거나 “디지털 산업에 보조금을 준다”는 수준을 넘어, 새로운 가치를 만들 수 있는 인재들이 ‘마음껏 시도하고, 실패하고, 다시 도전할 수 있는’ 환경을 법과 제도로 보장해야 합니다.

결론: 가치 소멸 시대, 인간 중심을 회복하는 길

가치 소멸 시대에 AI나 디지털 플랫폼이 모든 것을 잠식해버릴 것처럼 보이기도 합니다. 하지만 역설적으로, 인간이 가진 공감 능력, 문화 예술적 감수성, 협력과 연대의 힘은 그 어느 때보다도 소중해지고 있습니다. 인재 양성과 제도 혁신이 결합되어야 하는 이유가 바로 여기에 있습니다. 기존의 교육 및 제도 체계가 산업화 시대의 유물처럼 남아 있는 상태에서는 아무리 ‘창의’와 ‘혁신’을 외쳐봐야 사회 구조가 받쳐주지 못합니다.

이제는 교육도, 법과 제도도, “인간이 어떻게 새로운 가치를 만들어낼 수 있을까”라는 궁극적인 목표를 향해 개편해야 합니다. 대학이 지역과 산업과 긴밀히 협력하여 창의적인 인재를 길러내고, 정부와 지자체가 유연한 제도와 재정을 마련하여 그 인재들이 사업과 문화를 통해 가치를 창출하도록 돕는 모델이 필요합니다. 그 과정이 순조롭게 이루어질 때, 우리는 가치 소멸을 넘어 다시 인간 중심의 미래를 설계할 수 있습니다.

디지털·문화 융합 시대에 필요한 인재상을 정의하고, 그 인재가 마음껏 역량을 펼칠 수 있는 제도 혁신의 방향을 모색해 보았습니다. 다양한 해답이 있겠지만, 가장 중요한 것은 "사람이 주도하는 가치 창출"을 가능하게 하는 교육과 제도의 결합이라는 사실은 변하지 않습니다.

PART 6

새로운 공공성의 확장

— AI, 문화, 그리고 미래

제11장 협력 생태계가 만들어내는 미래

협력 생태계, 미래를 여는 열쇠

인간이 오랜 세월 동안 쌓아온 기술과 지식을 활용해 더 나은 세상을 만들 수 있을까, 아니면 디지털 플랫폼과 인공지능(AI)이 모든 가치를 빨아들이는 흐름에 불과하게 될까? 이 질문은 이제 학계의 담론을 넘어 기업, 지방자치단체, 그리고 개인 모두가 직면한 현실적 과제가 되었습니다.

기업, 지방자치단체(이하 지자체), 그리고 개인 모두가 디지털 시대에 맞춰 새롭게 적응해야 하는 현실 속에서, 새로운 가치를 창출하는 고도로 조직화된 협업 모델을 만들어야 하는 것이 핵심 과제로 부상했습니다. 협력 생태계는 단순히 "함께 일하자"는 구호를 넘어, 새로운 서비스와 가치를 창출하는 고도로 조직화된 협업 모델을 의미합니다. 특히 문화 예술, 디지털 기술, 소셜 네트워크를 결합하여 과거에는 상상하기 어려웠던 형태의 미래 서비스를 창출할 수 있다는 점이 각국의 성공 사례에서 분명하게 드러나고 있습니다.

이 장에서는 협력 생태계가 어떻게 인간을 다시 중심에 두고, 가치 소멸을 넘어선 미래의 서비스를 만들어낼 수 있는지 구체적으로 살펴봅니다. 앞선 장들에서 다루었던 디지털 전환, 문화 예술적 감성, 지역 혁신, 플랫폼 전략 등의 주제를 종합하여, 궁극적으로 어떤 서비스가 생겨나고, 어떤 공공성과 사회적 가치가 확장될 수 있을지 함께 고민해 보고자 합니다.

협력 생태계:
인간의 창의성과 AI · 디지털 기술의 연동

하나의 협력 생태계가 제대로 작동하려면 참여 주체 간의 정보 흐름과 신뢰가 원활해야 합니다. AI와 빅데이터 분석 도구는 방대한 정보를 빠르고 정확하게 처리해 주며, 서로 다른 업종, 단체, 인물이 모여도 데이터 기반의 의사 결정을 가능하게 합니다. 이를 통해 참여자들은 "무엇을, 어떻게 협력할지"를 명확하게 파악할 수 있게 됩니다.

그러나 AI가 단순 반복 업무나 대량 분석에 강점을 보인다고 해서, 인간의 창의적 사고나 공감 능력까지 대체할 수는 없습니다. AI가 나름의 창의성을 발휘할 수는 있지만, 그것은 어디까지나 알고리즘에 기반한 것이며, 인간이 추구하는 삶의 가치와 의미를 창의적으로 구현하는 것과는 본질적으로 다릅니다. AI에게는 욕망이 없으며, 따라서 구현하고 싶은 미래도 없습니다. 우리는 우리가 살고 싶은 세상을 창의적으로 상상하고 실현해 나가는 것입니다. 결과적으로, 인간 고유의 창의력과 AI의 효율이 조화를 이룰 때, 완전히 새로운 형태의 서비스가 등장합니다. 예를 들어, 예술가와 엔지니어가 한 팀을 이루어, AI가 생성한 이미지를 토대로 디지털 패션이나 증강 현실(AR) 공연을 기획할 수 있습니다. 이렇게 탄생한 서비스들은 과거에는 상상하기 어려웠던 시장과 문화를 창출하며 인간의 '예술성'을 확장하고 사회적으로도 큰 반향을 일으킬 수 있습니다.

협력 생태계는 바로 이 지점에서 '연결자' 역할을 수행합니다. AI 개발자, 예술가, 기획자, 투자자 등이 각자 맡은 부분을 공유하고, 플랫폼을 통해 협업하며, 상호 이익을 나눌 수 있어야만 지속 가능한 혁신 서비스가 가능해집니다. 오늘날 테슬라가 전기차 생태계를, 구글이 AI·클라우드 생태계를 구축해 온 과정도 규모는 다를지언정 협력 생태계의 원리가 작동한 결과라 할 수 있습니다.

사회 · 경제 · 문화가 융합된 공공성: 거버넌스의 진화

가치 소멸 이후에도 우리는 여전히 공공성과 사회적 가치를 유지해야만 합니다. 오히려 기업 이익만을 추구하고 플랫폼 독점화가 극심해질수록, "인류 공동의 자산을 어떻게 지킬 것이냐"는 문제가 더욱 부각될 것입니다. 협력 생태계가 만들어내는 미래 서비스가 기업 이윤에만 귀결된다면, 결국 또 다른 형태의 불균형과 갈등이 발생할 뿐입니다.

그렇기 때문에 새로운 공공성은 단순히 "정부가 관리 · 배분하는 것"이 아니라, 사회, 경제, 문화 전반을 융합하는 거버넌스로 진화해야 합니다. 예를 들어, 지역사회에서 협동조합, 청년 스타트업, 예술가 공동체, 지자체, 대학 등 다양한 주체가 협력 생태계를 구축하면, 지역 특산물의 지적 재산권 보호, 문화유산의 디지털 복원, 청년 일자리 창출과 같은 공익적 목적을 보다 정교하게 달성할 수 있습니다. 이처럼 "시민이 직접 서비스 설계와 운영에 참여하는 공공성"을 키워가는 과정이, 미래 서비스가 사회적 책임까지 담아내는 토대가 됩니다.

네덜란드의 사례를 보면, 시민 단체와 교육 기관, 기업, 예술가가 연합하여 지역 에너지 협동조합을 만든 뒤, 디지털 플랫폼을 통해 전력 생산, 유통, 소비 정보를 실시간으로 공유했다고 합니다. 이는 시민들이 태양광 패널 투자부터 분배, 활용까지 전 과정을 협력 생태계 형태로 운영하도록 하여 "탈(脫)탄소"뿐만 아니라 공동체 의식도 높이는 결과를 가져왔습니다. 결국 이러한 서비스들은 "AI나 디지털 기술이 접목된 공공성"이라 부를 수 있으며, 가치 소멸 시대를 넘어 인류가 함께 살아가는 미래상을 제시하고 있습니다.

네트워크 효과를 극대화하는 플랫폼의 미래상

협력 생태계 안에서 주목해야 할 핵심 요소 중 하나가 바로 플랫폼입니다. 이미 카카오, 우버, 에어비앤비 등 다양한 사례에서 플랫폼이 유의미한 경제 및 문화 혁신을 보여주었지만, 동시에 독점과 거대화로 인한 폐해도 드러나고 있습니다. 그렇다면 미래에는 이러한 플랫폼들이 어떤 모습으로 진화해갈까요?

협력 생태계 기반의 플랫폼은 상호 호혜적이고 분산적일 가능성이 큽니다. 예를 들어, 블록체인 기술이나 DAO(분산 자율 조직)와 같은 구조를 활용하면, 플랫폼 운영의 지분과 권한을 여러 주체가 분산하여 소유하고, 의사 결정 또한 투명하게 진행할 수 있습니다. 이는 '네트워크 효과'를 누리면서도 특정 주체가 독식하지 않도록 하는 방안이기도 합니다.

이처럼 참여자 모두가 플랫폼 발전에 기여하고, 기여도에 따라 보상을 공정하게 받는 구조가 완성된다면, 미래 서비스는 단순 거래 중개를 넘어 새로운 공공 및 문화 자산까지 창출할 수 있습니다. 거대한 온라인 게임 플랫폼이 e스포츠 생태계를 육성하고, 가상 현실(VR)/증강 현실(AR) 기술이 대중문화의 몰입도를 혁신하는 과정에서 수많은 창작자와 이용자가 스스로 "협력 생태계"를 키워낼 것입니다. 그 속에서 인간적인 상호 작용은 오히려 더욱 깊이 부각될 수 있으며, 이는 곧 우리가 "가치 소멸 시대에 인간을 중심에 놓는" 길이 될 것입니다.

협력 생태계가 열어주는, 인간다움이 살아 있는 미래

가치 소멸 시대를 넘어, 디지털 기술과 문화 예술이 결합하여 어떤 미래 서비스를 펼쳐낼지 상상해 보면, 인간의 '창조'와 '협력'이 관건이라는 결론에 도달합니다. AI가 아무리 발달해도, 그것을 사회적 가치와 문화적 감성으로 엮어 '사람이 만족을 느끼는 서비스'로 실현하는 과정은 인간의 협력 역량을 요구합니다.

협력 생태계는 바로 이러한 과정을 조직적으로 가능하게 하는 모델입니다. 개별 기업이나 개인이 단독으로 해결하기 어려운 문제를, 기술자, 예술가, 기획자, 행정가, 시민 등 다양한 이해관계자가 모여 영감을 주고받으며 새로운 서비스를 창조해냅니다. 이 과정이 투명하고 공정하게 운영되도록 거버넌스와 플랫폼이 뒷받침한다면, 서로 다른 재능과 자원이 합쳐져 시너지를 폭발적으로 일으킬 수 있습니다.

그렇다면 궁극적으로, 협력 생태계가 만들어내는 미래의 서비스는 어떤 가치를 지닐까요? 서비스는 인간의 오감을 만족시키는 길에서 만들어집니다. 예술적 경험을 최우선시할 수도 있고, "사회 문제 해결"이라는 공익을 앞세워 혁신할 수도 있습니다. 또한, "디지털 기반 효율성 극대화"를 추구하면서도 "인간다움"을 결합하여 오랫동안 지속 가능한 모델을 만들 수도 있습니다. 중요한 것은 어떤 형태든 인간의 욕구와 상호 작용을 진정으로 충족시키고, 공동체 전체가 이익을 공유할 수 있는 서비스여야만 한다는 점입니다. 디지털 플랫폼이 제공하는 이점을 누리면서도, "인간성이 삭제되지 않는" 다음 시대가 우리의 과제이기 때문입니다.

가치 소멸을 넘어서, 통합을 향해

가치 소멸의 위기를 체감하는 가운데, 우리는 디지털 기술과 문화예술, 그리고 다양한 이해관계자가 참여하는 협력 생태계 전략이 어떻게 새로운 길을 열어갈 수 있는지를 살펴보았습니다. 하지만 여전히 의문이 남습니다. "국가 간 분쟁이나 세계적 갈등은 피할 수 있을까?"라는 질문입니다. 앞선 논의에서는 각 지역과 산업, 나아가 AI·플랫폼 기업들이 상호 협력해서 새로운 부가가치를 창출하면, 갈등보다는 상생이 가능해진다는 방향을 제시했습니다. 하지만 현실은 빈곤, 자원 갈등, 이념 등 복합적인 요인이 여전히 세계 곳곳에서 분쟁을 일으키고 있습니다.

연결, 개방, 협력, 조율, 통합: 혁신의 5대 원리

앞서 언급한 연결, 개방, 협력, 조율, 통합이라는 다섯 가지 원리는 가치 소멸을 넘어서는 데 필요한 '통합적 사고'를 요약해줍니다. 이 다섯 가지 원리를 국가 간 관계로 확장해 보면, 오히려 협력 생태계 전략이 국가 단위, 혹은 국제사회의 갈등도 완화할 수 있다는 가능성이 보입니다. '네트워크 효과'와 '집단 이익'을 충분히 실현하려면, 갈등보다는 협력 쪽이 훨씬 이득이 크기 때문입니다.

"가난할수록 분쟁이 많다": 역사가 보여준 사실

인류의 역사를 되짚어보면, 자원이 희소하거나 경제가 불안정한 시기에 분쟁이 잦았다는 사실을 확인할 수 있습니다. 반대로, 일정 수준 이상의 경제력과 교역 체계가 안정된 지역에서는 대규모 전쟁이 발생할 가능성이 훨씬 낮아지는 양상이 반복되었습니다. 20세기 초중반까지만 해도 유럽 국가 간 전쟁이 잦았지만, 전후(戰後) 유럽 통합과 경제적 풍요가 일정 수준에 이른 뒤로는 이전처럼 국가 간 대규모 무력 충돌이 일어나지 않았습니다. 제조 시대 말기의 가치 소멸 현상이 지금 지구 곳곳에서 긴장을 높여가는 주 원인일 것이라는 추측이 가능해집니다. 이러한 경향을 검증한 대표적인 연구로 스티븐 핑커(Steven Pinker)는 저서에서 "물적 풍요와 교육 수준 상승, 교역 확대로 인해 현대 사회의 폭력적 갈등이 과거보다 현저히 줄어들었다"고 주장합니다.

현대에 들어와 국제연합개발계획(UNDP), 세계은행 등 국제기구의 데이터에서도 비슷한 상관관계가 확인됩니다. 경제 발전과 인간 개발 지수(HDI)가 개선될수록 극단적인 분쟁이나 내전 발생 빈도가 크게 낮아지는 경향이 뚜렷하다는 점입니다. 물론 예외적인 갈등도 있지만, 대체로 빈곤 극복과 경제 체계의 안정은 분쟁 완화에 유효하다는 결론이 다수의 연구에서 지지되고 있습니다.

협력 생태계 전략:
부유함과 인간적 가치를 함께 도모

경제 발전이 갈등을 완화한다면 단순히 "부유해지면 된다"는 말이 통할 수도 있겠지만, 우리가 말하는 협력 생태계 전략은 좀 더 포괄적입니다. 이것은 산업 시대보다 더 나은 사회를 건설하는 방법론이기도 합니다. 즉, 모든 것이 "한쪽의 독점적 이익"으로만 흐르는 것이 아니라, 공동의 창조와 공유를 통해 부가가치를 늘리고, 인간적인 가치를 함께 지킬 수 있다는 것입니다.

예를 들어, 플랫폼 경제가 특정 대기업에만 이익을 몰아주는 데 그치지 않고, 다양한 중소기업, 개인 창작자, 지역 공동체가 함께 참여하여 수익을 공유한다면, 경제 효율도 상승하고 사회적 갈등도 줄어들 수 있습니다. 이것이 개방형 협력 생태계의 장점입니다. 서로 다른 기술, 디자인, 문화가 융합하여 전례 없는 혁신이 일어날 수 있고, 그 혁신의 결과물을 공정하게 분배할 장치가 마련된다면, 새로운 부와 새로운 인간다움이 함께 성장할 수 있습니다. 이러한 방향으로 노력한다면, 국경을 초월하여 지식, 문화, 기술을 교환하면서 모두가 조금씩 더 풍요로워지는 구도가 만들어져 국가 간 분쟁 발생 가능성도 자연히 줄어들 것입니다.

경쟁은 있되, 분쟁은 최소화된다:
더 나은 미래의 논리

경쟁이 완전히 사라질 수는 없습니다. 생태계라는 말에서 알 수 있듯이, 자연 세계에서도 종(種) 간, 개체 간 경쟁이 존재하면서 동시에 상생도 이루어집니다. 경쟁은 지구환경이 존재하고 유지되는 근본 메카니즘이라고 할 수도 있습니다. 사회에서도 기업 간, 국가 간 경쟁은 반드시 일어나겠지만, 그것이 곧 물리적 분쟁으로 이어지지 않도록 만드는 장치가 바로 협력 생태계 전략입니다.

첫째, 경제적 측면에서 개별 국가나 기업이 '적정한 협력'을 통해 더 큰 파이를 만들 수 있다면, 무력 충돌과 같은 극단적인 방식을 사용할 이유가 줄어듭니다. 둘째, 문화, 예술, 기술이 개방형으로 교류될수록, 서로에 대한 이해와 상호 존중이 높아집니다. 셋째, 단순히 "돈 벌자"는 차원을 넘어, 사회적 가치를 공유하는 플랫폼을 운영하면 종교, 이념 차이를 넘어선 연결이 가능해집니다.

이러한 흐름은 이미 곳곳에서 감지되고 있습니다. 예를 들어 국제 예술 협업 프로젝트(디지털 공연, 전시)가 국경을 초월하여 활발해지고, 에너지·기후 분야 협정이 서로의 이해관계를 인정하면서도 '안정적 공급망' 구성을 통한 장기적 이익을 도모하게 만듭니다. 결과적으로, 협력 생태계 전략이 확산되면, 경쟁을 건설적으로 운용하여 "서로가 더 잘 살자"는 논리가 더욱 설득력을 얻게 되어, 궁극적으로 분쟁과 갈등을 최소화하는 구도가 형성됩니다.

맺음말: 인간을 중심에 둔 새로운 통합

결국 가치 소멸의 시대를 넘어, 인간을 다시 중심에 두려면 단순히 "부유해지기만" 하면 끝나는 것도 아니고, "경쟁하지 말자"는 이상론도 아닙니다. 중요한 것은 각자의 전문성과 고유 자원을 협력으로 연결하여, 경제적, 문화적, 심리적 풍요를 아우르는 더 풍요로운 환경을 만들 수 있느냐의 문제입니다. 그 과정에서 갈등은 줄어들고, 인간 간 교류와 문화 예술, 나아가 AI·디지털 기술이 더 많은 사람에게 이익을 돌려줄 수 있습니다.

이 책이 제시해 온 협력 생태계 전략은 바로 그러한 통합적인 미래관을 그려왔습니다. 디지털 기술과 문화 예술, 새로운 거버넌스와 교육 혁신, 그리고 융합적 사고가 만나면, 지자체든 기업이든, 심지어 국가 간에도 경쟁은 이어지되 분쟁은 줄어드는 상호 발전의 길이 가능합니다. 과거부터 지켜온 전통 산업과 지역 자원도 새로운 서비스 혁신과 협력 생태계 속에서 생동감을 되찾을 수 있으며, 그 결과 인류 사회 전체가 더 풍요롭고 안전한 환경을 누릴 수 있을 것입니다.

가치 소멸을 넘어선 그 다음 시대, 우리의 마지막 과제는 "모두가 하나로 통합되어" 지속적으로 번영할 수 있는 시스템을 구축하는 것입니다. 경쟁은 존재하되, 파괴적인 갈등이 아니라 건설적인 상호 작용으로 이어지는 길—그 길이 곧, 우리가 인간 중심의 삶을 회복하는 길이자, 새로운 문명을 열어 가는 시발점이 될 것입니다. 협력 생태계 전략이 그 길에 도움이 되기를 바랍니다.

에필로그

혁신과 협력이 만나야 새로운 가치를 얻을 수 있다는 메시지는, 사실 우리 앞에 놓인 가장 간명하면서도 가장 어려운 과제입니다. 지금까지 우리는 디지털 기술의 급진적 발전이 가져다준 혜택과 동시에, 가치가 사라지는 듯한 위기감을 뼈저리게 체감해 왔습니다. 넘쳐나는 정보와 첨단 기술에 비해, 오히려 **인간이 누려야 할 풍요와 행복, 지속 가능한 공동체**는 점점 멀어지는 듯 보였습니다.

그러나 이 책에서 다룬 협력의 역사와 디지털 융합의 가능성은 분명한 사실을 일깨워줍니다. **가치는 '사람'으로부터 시작되며**, 사람과 사람이 만나 협력하고 창조할 때 비로소 새롭게 태어난다는 점입니다. 원시 시대의 협력부터 농업·제조 시대의 발전, 그리고 오늘날 플랫폼 생태계까지—기술이 변해도 인간은 결국 '함께 살아가는' 방식으로 생존과 번영을 이뤄왔습니다.

우리가 주목해야 할 것은 **협력 생태계 전략**이라는 개념이 과거 역사에서도 유효했으며, 디지털 시대에도 여전히 활용 가능한 강력한 프레임워크라는 사실입니다. 서로 다른 전문 분야와 산업, 문화 예술, 그리고 지역사회가 **연결되고 융합**됨으로써 일자리가 창출되고, 무형의 지식과 예술적 감성이 더해진 서비스가 탄생합니다. 이 서비스들은 더 이상 '비용 절감'을 위한 기술이 아니라, **새로운 가치를 만들어내는 무대**가 됩니다.

특히 AI와 빅데이터, 플랫폼 등의 디지털 기술은 이제 선택이 아니라 **필수**가 되었습니다. 문제는 이 도구들을 어떻게 쓰느냐입니다. 몇몇 거대 기업의 전유물로 남겨두면, 혁신의 성과가 소수만의 몫으로 귀결되거나 왜곡될 수 있습니다. 반대로, **공공성과 공유 가치**의 관점에서 디지털 기술을 활용한다면, 지역사회와 작은 조직, 대학까지도 대등하게 참여할 수 있는 새로운 생태계가 열립니다. 개인·기업·공공 영역을 초월해 협업할 수 있는 연결고리가 생기는 것이죠.

그러기 위해서는 **창조를 위한 협력 전략**이 필요합니다. "그냥 모이자"라는 구호만으로는 협력이 쉽게 이루어지지 않습니다. 각 분야가 가진 고유의 전문성과 자원, 문화적 개성, 그리고 디지털 기술 역량이 **분명한 역할과 규칙** 안에서 움직여야 합니다. 공정한 경쟁, 투명한 정보 공유, 동등한 참여 기회를 제공하는 제도와 리더십이 뒷받침될 때, 건강한 협력 생태계가 가능해집니다.

이 책은 서비스 일곱 가지 요소(서비스, 고객, 생태계, 플랫폼, 전략, 제도, 서비스 전달)라는 구체적인 틀을 제시하며, 가치 소멸에 맞서는 **혁신 서비스**를 어떻게 설계하고 실행할 수 있는지 알려줍니다. 동시에, 지방 소멸 문제나 청년 일자리 같은 당면 과제들을 실제로 풀어 가는 데 필요한 힌트를 제공합니다. 가장 중요한 것은, **우리 각자**가 협력 생태계의 일부가 되어 적극적으로 움직여야 한다는 점입니다. 기술과 지식, 자본을 독점하는 대신, **어떻게 연결하고 개방하며 협력할 것인지**를 고민해야만 이 모든 퍼즐이 맞춰집니다.

결국 답은 '인간 중심의 혁신'입니다. 디지털 기술이 아무리 발전해도, 그 사용 주체는 인간이며, 가치는 인간 사이에서 피어납니다. 마치 훌륭한 셰프가 재료를 어떻게 조합하고 요리하느냐에 따라 전혀 다른 요리가 탄생하는 것처럼, **협력 생태계 전략**을 어떻게 구체적으로 구현하느냐가 우리 미래를 좌우할 것입니다.

이 책을 덮은 뒤에도, 우리가 나아갈 방향은 명료합니다. **가치 소멸을 넘어, 다시 인간을 중심에 놓는 것**—그것이 우리가 고민하고 도전해야 할 궁극적 과제입니다. AI와 문화 예술, 지역사회와 산업이 함께 어우러지는 새 문명을 만들기 위해, 이제 각자의 자리에서 협력을 시작해봅시다. 우리의 작은 움직임이 모여, 공생과 공존의 미래를 열어갈 수 있으리라 믿습니다.

부록:
협력 생태계 전략 사례연구

부록 A: 에어비앤비의 혁신 서비스 일곱 가지 요소 분석

부록 B: 카카오택시 서비스의 혁신 서비스 일곱 가지 요소 분석

부록 A
에어비앤비의
혁신 서비스 일곱 가지 요소 분석

서론: 협력 생태계의 진화하는 모범사례

에어비앤비는 2008년 브라이언 체스키와 조 게비아가 샌프란시스코의 디자인 컨퍼런스 참가자들에게 에어매트리스와 아침식사를 제공하며 시작한 서비스입니다. 이 단순한 아이디어는 오늘날 전 세계 600만 개 이상의 숙소를 연결하는 거대한 협력 생태계로 진화했습니다. 특히 주목할 점은 에어비앤비가 우리가 본문에서 살펴본 협력 생태계의 논리에 따라 점진적으로 서비스를 확장하고 있다는 것입니다. 단순한 숙박 공유에서 시작하여 현재는 숙박시설 주변의 문화 예술적인 체험 서비스까지 포함하는 종합 여행 플랫폼으로 발전했습니다. 이는 디지털 전환 시대에 디지털 기술(AI

포함)의 비용혁신적인 요소와 문화 예술의 가치혁신 요소가 결합하여 기존의 시설과 다양한 사람들의 가치를 동시에 상승시키는 모범사례라고 할 수 있습니다.

고객: 프로슈머로서의 여행자와 호스트 고객 역할의 근본적 변화

에어비앤비의 고객은 전통적인 호텔 고객과는 근본적으로 다릅니다. 앨빈 토플러가 예언한 '프로슈머(Prosumer)'의 개념이 완벽하게 구현된 사례입니다. 게스트는 단순한 소비자가 아니라 리뷰를 통해 서비스 품질을 평가하고 개선하는 생산자의 역할을 수행합니다. 호스트 역시 고객이자 서비스 제공자라는 이중적 역할을 담당합니다.

잠재적 욕구의 발견

에어비앤비의 혁신은 고객에 대한 깊은 이해에서 시작되었습니다. 헨리 포드의 "더 빠른 말" 일화처럼, 에어비앤비는 고객이 명시적으로 요구하지 않았던 잠재적 욕구를 발견했습니다. 여행자들은 "더 많은 호텔"을 원한다고 말했을지 모르지만, "합리적인 가격에 현지인처럼 머물 수 있는 숙소"라는 고객의 잠재적 욕구를 간파하였습니다. 이러한 통찰은 디지털 전환 시대의 AI 기술과 결합하여 더욱 정교해지고 있습니다. 숙박 서비스를 이용하는 게스트뿐만 아니라, 자신의 여유 공간을 공유하는 호스트 또한 중요한 고객으로 설정하였습니다. 호스트는 단순히 공간을 제공하는 것을 넘어, 게스트에게 현지 문화를 경험하게 하고 여행 경험을 풍부하게 만드는 프로슈머의 역할을 수행합니다. 이들은 에어비앤비 생태계의 핵심적인 생산자이자 가치 창조자로 기능하며, 고객의 역할이 단순히 소비자를 넘어선 디지털 시대의 변화를 명확히 보여줍니다.

데이터 기반의 고객 이해

에어비앤비는 넷플릭스처럼 방대한 사용자 데이터를 실시간으로 분석합니다. 검색 패턴, 예약 행동, 리뷰 내용 등을 AI를 활용해 분석하여 개인화된 추천을 제공합니다. 그러나 중요한 것은 데이터 뒤에 숨어 있는 인간의 감정과 맥락을 이해하는 것입니다. 에어비앤비는 고객을 단순한 데이터 포인트가 아니라 함께 가치를 만들어 가는 파트너로 인식하고 있습니다. 양방향 고객의 피드백과 데이터를 끊임없이 수집하고 분석하여, 개인화된 숙소 추천은 물론 새로운 서비스 개발에 활용하며 지속적으로 고객 경험을 개선하고 있습니다.

서비스: 공간 공유를 넘어 문화 예술적 경험으로

산업 시대와는 다른 패러다임

에어비앤비의 서비스는 단순한 숙박 시설 제공을 넘어 독특한 경험의 제공을 핵심 가치로 삼습니다. 기존 호텔이 표준화된 시설과 서비스를 제공한다면, 에어비앤비는 각 호스트의 개성과 지역의 특색이 담긴 다양한 숙소를 통해 현지인처럼 살아보는 경험을 제공합니다. 이는 "무엇을 만들 것인가"가 아니라 "어떤 경험을 제공할 것인가"가 중요한 질문이 된 디지털 시대의 서비스 패러다임 변화를 반영하고 있습니다. 단순히 잠을 자는 공간을 제공하는 것이 아니라, 현지인의 삶을 경험하고 문화를 체험하는 기회를 제공합니다. 이는 스마트폰이 기존의 기능들을 통합하여 새로운 경험을 창출한 것과 같은 맥락입니다.

무형의 자원이 핵심

에어비앤비가 제공하는 핵심 가치는 무형의 자원입니다. 호스트의 환대, 현지 문화에 대한 지식, 독특한 공간의 스토리 등이 그것입니다. 디지털 기술은 이러한 무형의 가치를 효과적으로 전달하는 수단이 됩니다. 특히 AI 기술을 활용한 번역 서비스, 가상 투어 등은 문화 예술적 가치를 더욱 풍부하게 전달합니다. 서비스가 진화하며 숙소 주변의 문화 예술적인 체험 서비스('트립' 서비스)가 추가되었습니다. 이는 농산물에 담긴 농부들의 노력, 음식에 담긴 요리사들의 정성, 역사문화 자원에서 전달되는 느낌 등 무형의 자원과 감성적 가치가 서비스의 본질이 되는 흐름과 일치합니다. 예를 들어, 현지 요리 배우기, 예술가와 함께하는 워크숍, 숨겨진 골목길 투어 등은 게스트에게 단순한 숙박 이상의 깊이 있는 문화적 경험을 선사합니다. 이러한 체험 서비스는 디지털 기술(AI 포함)을 활용하여 고객의 관심사와 매칭되고, 문화 예술 콘텐츠의 가치를 혁신적으로 증대시킴으로써 기존의 시설과 다양한 사람들의 가치를 동시에 상승시키는 가치 혁신의 모범 사례가 되고 있습니다.

서비스 진화의 점진성

에어비앤비는 협력 생태계의 논리에 따라 서비스를 점진적으로 확장해 왔습니다. 초기의 단순한 숙박 공유에서 시작하여, '체험(Experiences)' 서비스를 통해 더 깊은 경험가치를 제고합니다. 관광 서비스의 가치혁신이 지속적으로 이루어지고 있는 것입니다. 이는 디지털 기술의 비용혁신과 문화 예술의 가치혁신이 결합된 결과입니다.

생태계: 전 세계를 연결하는 협력 네트워크

느슨하게 연결된 글로벌 네트워크

제임스 무어가 정의한 "상호 가치 창출을 위해 느슨하게 연결된 네트워크"의 완벽한 사례가 에어비앤비입니다. 전 세계의 호스트들은 각자의 독립성을 유지하면서도 에어비앤비라는 플랫폼을 통해 공동의 가치를 창출합니다. 이는 과거의 프랜차이즈 호텔 체인과는 완전히 다른 협력 방식입니다. 단 한 채의 숙소도 직접 소유하지 않고 전 세계 최대의 숙박 플랫폼으로 성장하며, "혼자서는 할 수 없는 시대"의 비즈니스 생태계 모델을 성공적으로 구현하였습니다. 에어비앤비는 숙소를 제공하는 호스트, 숙소를 이용하는 게스트, 그리고 이들을 연결하는 플랫폼이라는 세 핵심 주체로 구성된 거대한 협력 생태계를 구축하였습니다.

다양한 참여자들의 역할

에어비앤비 생태계 내에는 다양한 참여자가 존재합니다.

- 개인 호스트: 자신의 유휴자원을 공유하며 수익을 창출
- 전문 호스트: 여러 숙소를 운영하며 전문적인 서비스 제공
- 체험 호스트: 문화 예술 체험 프로그램을 기획하고 운영
- 사진작가: 숙소 촬영 서비스 제공
- 청소 서비스: 숙소 관리 지원
- 지역 정부: 관광 진흥과 규제 조화

이러한 협력 생태계의 논리대로 에어비앤비는 점진적으로 서비스를 진화시켜 왔습니다. 숙소 공유에서 시작하여, 이제는 현지 체험 프로그램, 음식 관련 서비스 등으로 확장하며 생태계의 범위와 깊이를 더하고 있습니다.

경쟁자도 협력자가 되는 코피티션

일부 호텔들은 에어비앤비 플랫폼에 객실을 등록하기도 하며, 에어비앤비는 부티크 호텔과의 파트너십을 확대하고 있습니다. 이는 전체 여행 시장의 파이를 키우는 것이 제로섬 게임보다 유리하다는 인식에 기반합니다. 에어비앤비는 전통적인 호텔업계와 경쟁하면서도 협력하는 '코피티션(Coopetition)' 전략을 추구하는 현대 비즈니스 전략의 핵심을 보여주고 있습니다.

플랫폼: 디지털 기술과 문화가 만나는 장

네트워크 효과의 극대화

에어비앤비는 전 세계 숙소와 게스트를 연결하는 디지털 플랫폼을 핵심 기반으로 삼고 있습니다. 이 플랫폼은 "행위자와 자원의 상호작용을 용이하게 하는 디지털 기반"으로서, 호스트의 공간과 게스트의 숙박 니즈를 연결하고 가치 교환을 가능하게 하는 장(場)의 역할을 합니다. 에어비앤비의 성공은 이들의 강력한 네트워크 효과에 기인합니다. 게스트가 많아질수록 호스트가 증가하고, 호스트가 많아질수록 다양한 선택지로 인해 게스트가 증가하는 선순환 구조입니다. 이러한 선순환 구조는 플랫폼의 가치를 기하급수적으로 증대시키고 있습니다.

AI와 디지털 기술의 활용

에어비앤비는 최신 디지털 기술을 적극 활용합니다.

- AI 기반 검색: 사용자의 선호도를 학습하여 맞춤형 숙소 추천
- 스마트 프라이싱: 시장 수요와 공급을 분석하여 최적 가격 제안
- 가상현실 투어: 360도 사진과 VR 기술로 사전 숙소 체험 제공
- 실시간 번역: AI 번역으로 언어 장벽 해소

문화 예술 인프라와의 결합

에어비앤비는 단순한 디지털 플랫폼을 넘어 지역의 문화 예술 인프라와 결합합니다. '체험' 서비스는 지역의 예술가, 요리사, 역사

가 등과 협력하여 독특한 문화 콘텐츠를 제공합니다. 글로벌 네트워크를 기반으로 하지만, 각 지역의 특색과 문화를 반영하는 로컬 네트워크의 중요성 또한 간과하지 않습니다. 숙소 검색 시 지역 기반 필터링이나 현지 체험 프로그램 추천 등은 로컬 자원의 가치를 극대화하고 있습니다. 특히, 숙박시설 주변의 문화 예술적인 체험 서비스를 추가하는 과정에서 에어비앤비는 디지털 기술(AI 포함)을 활용하여 게스트의 선호도를 분석하고, 최적의 지역 문화 예술 콘텐츠와 매칭함으로써 비용 효율적인 혁신을 이루었습니다. 이는 문화 인프라(공연장, 박물관, 전통시장 등)와 정주 인프라(숙소)를 디지털 플랫폼으로 연결하여 지역 특화 서비스의 경쟁력을 극대화하는 확장된 플랫폼 관점의 모범 사례입니다.

전략: 협력을 통한 지속적 진화

경쟁에서 협력으로의 전환

에어비앤비의 전략은 "어떻게 경쟁에서 이길 것인가"보다 "어떻게 함께 새로운 가치를 만들 것인가"에 초점을 맞춥니다. 호텔업계를 적대시하기보다는 전체 여행 시장을 확대하는 방향으로 나아갑니다. 이는 마이클 포터의 전통적 경쟁전략과는 다른 협력 생태계 전략입니다. 전통적인 경쟁우위 확보를 넘어 협력 생태계 전체의 가치를 증대시키는 방향으로 진화한 것입니다. 초기에는 숙박 시장의 혁신자로 기존 호텔 산업과 경쟁하는 구도였으나, 점차 호스트와 게스트 모두가 만족하는 포지티브섬 게임(Positive-Sum Game)을 추구하는 전략으로 전환되었습니다. 에어비앤비는 플랫폼을 통해 발생하는 신뢰 구축, 규제 대응, 데이터 활용 등은 모든 참여자가 함께 노력해야 강화될 수 있는 영역임을 인지하고, 이러한 기반 인프라를 위해 협력을 필수적으로 여기는 것입니다.

생태계 전체를 보는 넓은 시야

에어비앤비는 자사의 성장뿐만 아니라 전체 생태계의 건강성을 중시합니다. 호스트 교육 프로그램, 슈퍼호스트 인증제도, 커뮤니티 지원 등을 통해 생태계 참여자들의 역량을 강화합니다. 생태계 전체를 아우르는 넓은 시야와 변화에 빠르게 대응하는 유연성을 바탕으로, 기술과 인간의 가치를 균형 있게 고려하는 것이 에어비앤비의 핵심 전략입니다.

기술과 인간의 균형

문화 예술 체험 서비스의 추가는 디지털 기술의 비용 혁신 요소와 문화 예술의 가치 혁신 요소를 결합함으로써 인간적 가치를 잃지 않습니다. 자동화된 예약 시스템과 함께 호스트와 게스트 간의 개인적 소통을 장려하며, 디지털 효율성과 인간적 따뜻함의 균형을 추구합니다.

제도: 신뢰와 공정성의 기반

혁신과 규제의 조화

에어비앤비는 많은 도시에서 기존 숙박업과의 마찰, 안전 문제, 세금 문제 등 다양한 법적, 사회적 쟁점들에 직면하였습니다. 그러나 단순히 규제를 회피하기보다는 지역 정부와 협력하여 합리적인 규제 프레임워크를 만들어 가고 있습니다. 일본의 민박법, 프랑스의 연간 임대일수 제한 등 적극적으로 소통하고 협력하여 공정성과 지속 가능성을 보장하는 제도적 장치를 마련하고자 노력했습니다.

신뢰 구축 메커니즘

에어비앤비의 성공 비결 중 하나는 강력한 신뢰 시스템입니다. 가장 대표적인 것이 상호 리뷰 및 평점 시스템입니다. 게스트와 호스트가 서로를 평가하는 이 시스템은 낯선 사람들 간의 거래에서 신뢰를 구축하는 핵심적인 제도로 기능합니다. '슈퍼호스트' 배지 등은 우수한 서비스 품질을 제공하는 호스트를 식별하고, 게스트에게는 신뢰할 수 있는 정보를 제공합니다. 또한, 에어비앤비는 각 지역의 규제 당국과 협력하여 단기 임대에 대한 법규를 준수하고, 세금 징수 및 납부 시스템을 구축하는 등 규제 준수 노력을 기울였습니다. 이는 혁신이 기존 질서에 대한 도전임과 동시에, 사회적 합의와 공정한 규칙 마련이 동반되어야 지속 가능하다는 점을 보여줍니다. 문화 예술 체험 서비스 역시 해당 지역의 문화재 보호 규정이나 관련 산업의 제도적 틀 안에서 운영될 수 있도록 지속적으로 논의하고 보완해나가는 과정이 중요합니다.

공공성과 상업성의 균형

에어비앤비는 상업적 성공과 함께 공공성도 추구합니다. 재난 시 무료 숙소 제공 프로그램, 난민 지원 프로그램 등을 통해 사회적 가치를 창출합니다. 이는 협력 생태계가 단순한 이익 추구를 넘어 사회적 책임을 다하는 모습을 보여줍니다.

지속가능한 거버넌스

에어비앤비는 다양한 이해관계자의 의견을 수렴하는 거버넌스 구조를 갖추고 있습니다. 호스트 자문위원회, 지역 커뮤니티와의 정기적 대화, 규제 당국과의 협력 등을 통해 갈등을 조정하고 지속가능한 성장을 추구합니다.

서비스 전달: 가치를 체험으로 전환하는 과정

마지막 1마일의 혁신

에어비앤비는 서비스 전달의 모든 접점에서 혁신을 추구합니다. 예약 전 단계에서는 AI 기반 추천과 상세한 정보 제공으로 의사결정을 돕고, 체류 중에는 모바일 앱을 통한 실시간 소통을 지원하며, 체류 후에는 리뷰 시스템을 통해 경험을 공유하도록 합니다.

에어비앤비의 서비스 전달은 단순히 숙소 정보를 제공하는 것을 넘어, 고객이 서비스를 인지하고, 신뢰하며, 실제 경험에 이르기까지의 전 과정을 아우르는 풀 스택(Full-Stack) 과정입니다. 에어비앤비는 다양한 신뢰 장치를 통해 무형의 서비스 가치를 가시화합니다.

첫째, 표준화된 서비스 설명서 및 명확한 정보 제공입니다. 각 숙소의 상세 정보, 사진, 편의시설, 규정 등을 명확히 안내하여 게스트가 구매 결정을 내리기 전에 충분한 정보를 얻도록 합니다.

둘째, 리뷰, 평점, 슈퍼호스트 배지와 같은 소셜 증명입니다. 다수 경험자의 목소리를 통해 서비스의 품질과 신뢰도를 입증하고, 이는 새로운 고객의 유입을 촉진합니다.

셋째, 스토리텔링과 콘텐츠 마케팅입니다. 에어비앤비는 호스트들의 이야기를 담은 콘텐츠, 특별한 숙소 경험을 소개하는 캠페인 등을 통해 브랜드의 가치와 독특한 경험을 서사적으로 전달합니다. 단순한 공간 정보를 넘어 호스트의 이야기, 공간의 역사, 지역의 문화를 전달함으로써 머무는 것 자체가 하나의 문화 체험이 되도록 합니다.

서비스 품질 관리 또한 지속적인 개선에 초점을 맞춥니다. 게스트와 호스트 간의 문제 발생 시 신속하고 적절한 고객 지원 시스템을 운영하며, 피드백을 통해 서비스를 개선합니다. 특히 문화 예술 체험 서비스의 경우, 제공되는 프로그램의 품질, 안전성, 현지 문화에 대한 이해도 등을 관리하기 위해 호스트 교육 및 가이드라인을 제공하고, 사용자 후기를 적극적으로 반영하여 서비스 수준을 향상시킵니다. 이는 협력 생태계 내의 다양한 주체들이 함께 일관된 브랜드 경험을 전달하고, 고객 만족도를 극대화하는 '마지막 1마일+α'의 실행 구조를 성공적으로 구축했음을 의미합니다. 디지털 기술(AI 포함)은 실시간 데이터 분석을 통해 문제점을 조기에 발견하고, 개인화된 추천으로 고객의 만족도를 높이며, 서비스 전달의 효율성을 크게 향상시키는 데 기여합니다.

문화 예술 가치의 전달

특히 체험 서비스에서는 무형의 문화 예술 가치를 효과적으로 전달합니다. 요리 클래스의 레시피뿐만 아니라 그 음식의 역사와 문화적 의미를, 예술 워크숍에서는 기법뿐만 아니라 예술가의 철학과 영감을 전달합니다. 이는 디지털 플랫폼이 문화 예술의 깊이 있는 가치를 전달하는 매개체가 될 수 있음을 보여줍니다.

결론: 협력 생태계의 지속적 진화

에어비앤비는 "혁신 서비스의 일곱 가지 요소" 관점에서 볼 때, 고객의 잠재된 욕구를 발굴하고, 단순한 숙박을 넘어 문화 예술적 경험을 제공하며, 글로벌 협력 생태계를 구축하고, 디지털 플랫폼을 통해 이를 효과적으로 연결하며, 협력을 통한 성장을 전략으로 삼고, 신뢰 기반의 제도적 장치를 마련하고, 통합적인 서비스 전달 시스템을 갖춤으로써 혁신 서비스의 모범 사례를 제시합니다. 특히 주목할 점은 이러한 진화가 협력 생태계의 논리에 따라 점진적이고 유기적으로 이루어지고 있다는 것입니다.

특히 에어비앤비가 전 세계 숙박 시설을 연계하여 협력 생태계를 만들고, 이 협력 생태계의 논리대로 점진적으로 서비스가 진화하고 있음을 강조할 필요가 있습니다. 빈 방이라는 유휴 자원을 활용하는 비용 혁신에서 시작하여, 숙박시설 주변의 문화 예술적인 체험 서비스를 추가해 나가는 것은 디지털 전환 시대에 디지털 기술(AI 포함)의 비용 혁신적인 요소, 문화 예술의 가치 혁신적인 요소가 결합하여 기존의 시설과 다양한 사람들의 가치를 동시에 상승시키는 모범 사례입니다. 이는 협력 생태계 전략을 통해 가치 소멸의 위기를 극복하고, 가치 창조의 새로운 길을 제시하는 선구적인 모델로 평가될 수 있습니다.

에어비앤비의 사례는 협력 생태계 전략이 어떻게 가치 소멸의 시대를 극복하고 새로운 가치를 창출할 수 있는지를 보여주는 모범사례입니다. 혁신이 거창한 발명품이나 최첨단 기술에서만 나오는 것이 아니라, "연결되지 않은 것들을 연결하고, 전례 없는 것을 창조하는" 평범한 것들의 특별한 조합에서 비롯될 수 있음을 보여줍니다. 기술과 인간, 효율성과 가치, 글로벌과 로컬이 조화롭게 결합될 때, 진정한 혁신이 일어날 수 있음을 증명합니다. 앞으로도 에어비앤비는 협력 생태계의 확장과 진화를 통해 더 많은 가치를 창출하며, 전 세계 사람들의 여행과 삶을 더욱 풍요롭게 만들어갈 것입니다.

부록 B
카카오택시 서비스의
혁신 서비스 일곱 가지 요소 분석

서론: 왜 이 사례를 살펴보는가

2015년에 출범한 카카오택시(현 카카오 T)는 전국 대부분의 법인·개인 택시를 하나의 스마트폰 플랫폼에 연결하며 '국민 이동 게이트웨이'로 부상했습니다. 표면적으로는 '수요-공급 양면 시장'을 성공적으로 조직한 협력 생태계처럼 보입니다. 그러나 「혁신 서비스의 일곱 가지 요소」(고객·서비스·생태계·전략·플랫폼·제도·서비스 전달)로 정밀 분해해 보면, 문화·예술적 가치 창출과 점진적 품질 혁신을 가로막는 구조적 결함이 곳곳에서 드러납니다. 특히 카카오택시가 외형적으로는 국내 택시들을 연결하여 협력 생태계를 구축했음에도 불구하고, 서비스 본질에서의 한계점,

문화 예술적 가치 부재, 공정성 문제, 그리고 법규 위반 의혹 등을 지적하며 혁신 서비스의 관점에서 미흡한 점들을 강조합니다.

이 글은 각 요소별로 카카오택시의 현주소를 진단하고, 7장과 8장에서 제시된 이론적 통찰과 대비하여 왜 혁신 플라이휠이 돌지 않는지 밝힙니다.

고객: 편의성 제공을 넘어선 가치 부재

카카오택시 서비스는 스마트폰을 통한 간편한 호출과 결제 시스템을 제공함으로써 고객에게 '편의성'이라는 가치를 제공했습니다. 이는 과거 길거리에서 택시를 잡거나 콜센터에 전화해야 했던 불편함을 해소하며 고객의 잠재된 욕구를 충족시킨 것처럼 보였습니다. 특히 카카오톡이라는 거대한 사용자 기반 위에 서비스를 얹음으로써 빠른 시장 선점과 확장을 이뤄냈습니다.

수동적 이용자

고객은 출발·도착지와 결제수단만 입력한 뒤 배차 결과를 기다리는 '관객'에 머뭅니다. 택시 브랜드·차량 상태·기사 서비스 등 선택 가능한 정보가 사전에 공개되지 않아 '프로슈머'로 진화할 여지가 없습니다. 혁신 서비스의 관점에서 진정한 고객 지향은 단순히 "고객이 원하는 것"을 넘어 "고객이 아직 깨닫지 못한 잠재적 욕구, 제대로 해결되지 않은 문제"를 발견하고 해결하는 것입니다. 카카오택시 서비스는 고객에게 '택시에 대한 선택권'을 거의 주지 않으며, '택시들의 서비스 차별성' 또한 거의 없습니다. 고객은 호출한 택시가 어떤 특징을 가졌는지, 어떤 서비스를 제공할 것인지 알지 못한 채 배차된 택시를 수동적으로 이용해야 합니다. 이는 에어비앤비가 현지인처럼 머무는 '경험'을 제공하고 고객이 숙소를 직접 선택하는 것과 대조적입니다. 즉, 카카오택시는 고객의 편의성은 높였지만, 택시라는 서비스 본질에서 고객이 얻을 수 있는 '경험'이나 '가치'를 혁신적으로 증대시키는 데는 한계가 명확합니다.

선택권의 비대칭

호출 수락권이 기사에게 먼저 주어지므로, 길거리에서 빈 택시를 발견했을 때 기사가 승차를 거부할 수 없도록 한 현행 택시법의 취지가 디지털 공간에서는 사실상 뒤집힙니다.

문화적 감수성의 실종

차량 내 음악, 지역 해설, 기사-호스트 스토리텔링 등 문화·예술 요소가 전혀 설계되지 않아, 고객 경험은 '이동'이라는 기능적 가치에 머뭅니다. 고객은 데이터 제공자이자 평가자·공동 설계자가 되어야 하지만, 현 구조는 단순 '수송 대상'으로 고착시킵니다.

서비스: 경험이 아닌 단순 이동 수단

디지털 시대의 서비스는 제품 자체보다는 '어떤 경험을 제공할 것인가'에 초점을 맞춥니다. 특히 '전문 지식'이나 '감성적 가치'와 같은 무형의 자원이 핵심이 되며, 문화 예술적 요소와의 융합을 통해 새로운 가치를 창출하는 것이 중요합니다. 그러나 카카오택시 서비스는 이러한 혁신 서비스의 본질적 특성을 거의 반영하지 못하고 있습니다.

단순 상품 정의

카카오택시가 정의한 서비스는 점 A에서 점 B로 이동하는 것, 한 가지뿐입니다. 택시라는 이동 수단 자체에 대한 기본적인 연결 기능을 제공할 뿐, 이 과정에서 고객이 얻을 수 있는 차별화된 '경험'이나 '감성적 가치'는 미미합니다.

가치혁신 요소 부재

디지털 기술이 제공하는 비용 혁신(빠른 호출, 자동 결제)은 확보했지만, 문화·예술적 가치 혁신(차별화된 경험 디자인)은 결여되어 있습니다. 운전자의 서비스 품질, 차량의 청결도, 편안함, 또는 탑승 중의 문화적 요소 등 무형의 자원이나 문화 예술적 성격이 서비스에 거의 반영되지 않습니다. 고객은 특정 택시를 선택할 수 있는 권한이 없고, 택시 기사 또한 서비스 차별화를 위한 노력을 거의 기울이지 않는 구조이므로, 서비스의 본질적인 개선이나 문화 예술적 가치 융합을 기대하기 어렵습니다.

'감동' 동인이 약함

배차는 알고리즘이 책임지고, 평점이 매칭에 큰 영향을 주지 않아 기사가 서비스 개선에 투자할 유인이 낮습니다. '유틸리티' 수준에 머무는 한, 프리미엄 요금 모델이나 자발적 혁신은 기대하기 어렵습니다.

생태계: 플랫폼 중심의 수직적 구조

협력 생태계는 '느슨하게 연결된 네트워크'를 통해 상호 가치를 창출하며, 참여자들이 각자의 독립성을 유지하면서도 공동의 목표를 위해 협력하는 것을 지향합니다. 카카오택시 서비스는 국내 택시들을 플랫폼에 연결하여 거대한 협력 생태계를 구축한 것처럼 보이지만, 그 실제 운영은 플랫폼 중심의 수직적 구조에 가깝습니다. 수직적 구조는 똑같은 제품을 무한 반복 생산하는 제조업에서 사용된 형태이며 카카오택시 서비스는 실제로 거의 모든 택시가 획일적인 서비스를 제공한다는 점에서 제조업의 기본틀을 그대로 가지고 있는 것입니다.

낮은 생태계 확장성

현실 생태계 참여자는 플랫폼사·택시회사·결제사 정도로 한정되며, 지역 관광청·문화 기획자·차량 관리 업체 등 다양한 가치 공급자가 구조적으로 배제되어 있습니다. 카카오택시 생태계의 주요 참여자는 플랫폼 운영사(카카오 모빌리티), 택시 기사, 그리고 승객입니다. 이 중 플랫폼 운영사가 가장 막강한 '키스톤(Keystone)' 역할을 수행하며, 다른 참여자들의 활동과 이득에 큰 영향을 미칩니다. 특히 카카오 블루와 같은 직영/가맹 택시에 우선권을 준다는 의혹은 협력 생태계의 공정성 원칙에 위배됩니다. 이는 "모두의 파이를 키우는 설계"가 아닌, 특정 주체(플랫폼 운영사 및 가맹사)의 이득을 극대화하는 제로섬(Zero-Sum) 게임의 양상을 띠게 합니다. 택시 기사는 사실상 플랫폼의 호출만을 기다릴 뿐, 서비스 개선이나 고객 만족을 위한 자율적이고 창의적인 협력을 기대하기 어렵습니다. 이는 생태계 내에서 독립된 플레이어들의 선의의 경쟁을 촉진하여 전체 파이를 키우는 혁신 서비스의 본질과는 거리가 멉니다. 생태계의 다른 참여자인 승객 또한 선택권이 제한되어 있으며, 서비스에 대한 피드백이나 개선 제안이 생태계 전체의 가치로 반영되는 구조가 미흡합니다.

카카오 T 블루 우선 논란

직영 가맹 브랜드(카카오 T 블루)가 일반 택시보다 호출을 더 받는다는 의혹이 반복되며 생태계 신뢰를 훼손합니다. 다채로운 파트너와 선의의 경쟁이 결여되어 '양방향 시장'이 아닌 '좁은 양자 시장'으로 정지해 있습니다.

전략: 제로섬 게임으로의 회귀

현대의 혁신 전략은 '어떻게 함께 새로운 가치를 만들 것인가'에 초점을 맞추며, 경쟁자를 이기는 것보다 파이 자체를 키우는 포지티브섬 게임을 추구합니다. 그러나 카카오택시의 전략은 여전히 전통적인 독점 추구에 가깝고, 제로섬 게임의 양상을 보여주고 있습니다. 택시 업계 전체의 서비스 수준을 높이기보다는, 플랫폼의 지배력 강화에 초점을 맞추고 있는 것으로 보입니다.

네트워크 효과에 의존

2,700만 이용자와 90% 이상 택시 가입률이 진입장벽을 형성하지만, 규모의 방어가 곧 서비스 혁신을 뜻하지 않습니다. 카카오택시는 시장의 절대적인 우위를 점한 후, 택시 기사들에게는 사실상 플랫폼의 호출에 의존하게 만들고, 서비스 개선을 위한 유인책이나 경쟁 환경을 제공하지 않았습니다. 택시 기사들은 호출만 기다릴 뿐 서비스를 위해 노력해야 할 동기를 거의 느끼지 못합니다. 이는 생태계 내에서 '독립된 플레이어들의 선의의 경쟁을 촉진'하여 전체 생태계의 혁신 속도를 높이는 것이 아니라, 경쟁 부재로 인한 서비스 품질 저하를 야기합니다. 카카오 블루와 같은 직영/가맹 사업에 우선권을 부여한다는 의혹은 공정 경쟁을 저해하고, 생태계 참여자들 간의 불신을 조장하여 파이 키우기보다는 기존 파이를 독점하려는 전략으로 비춰집니다. 이는 "함께 파이를 키우는 설계를 하라"는 혁신 전략의 핵심 원칙에 역행하는 것입니다. 고객 또한 택시 선택권이 없이 택시들이 고객을 선택하는 구조는

고객 가치를 증대시키기보다는 플랫폼 운영사의 편의와 이익을 우선시하는 전략으로 해석될 수 있습니다. 이러한 전략적 방향은 디지털 기술이 궁극적으로 인간을 위한 것이며, 기술에 매몰되지 않고 인간에게 어떤 가치를 줄 수 있는지를 항상 생각해야 한다는 혁신 전략의 원칙과도 거리가 멉니다.

알고리즘 투명성 부족

배차 논리를 공개하지 않아 규제기관·소비자 누구도 실시간 감시나 개선 제안을 하기 어렵습니다. 전략 에너지가 시장 방어와 규제 공방에 집중되며, '다음 단계 경험' 창출이 후순위로 밀립니다.

플랫폼: 연결이 아닌 통제의 도구

플랫폼은 "행위자와 자원의 상호작용을 용이하게 하는 디지털 기반"으로, '네트워크 효과'를 통해 가치가 기하급수적으로 증가하는 특성을 갖습니다. 카카오택시는 '카카오톡'이라는 압도적인 사용자 기반을 바탕으로 국내 택시 호출 시장의 독점적 지위를 확보하며 강력한 네트워크 효과를 누렸습니다. 승객이 많으니 기사들이 모이고, 기사가 많으니 승객들이 더 편리하게 이용하는 선순환 구조를 초기에는 성공적으로 구축했습니다.

일방향적 네트워크 효과

플랫폼의 힘은 양방향 네트워크 효과에서 나옵니다. 그러나 카카오택시는 카카오톡의 사용자 기반을 활용한 일방향적 확장에 가깝습니다. 택시 기사와 승객 간의 상호작용이 플랫폼의 가치를 높이는 구조가 아니라, 단순히 매칭만 이루어지는 수준입니다. 그러나 카카오택시 플랫폼은 이러한 독점적 지위를 바탕으로 플랫폼 운영사의 의지에 따라 규칙을 정하고 서비스 개선 방향을 결정하는 경향이 강합니다. 이는 플랫폼이 모든 참여자에게 열려 있고, 자유로운 상호작용을 통해 가치를 교환하는 '개방성'과 '확장성' 측면에서 한계를 보입니다.

특히 '로컬 네트워크'의 특성을 가지는 택시 서비스임에도 불구하고, 각 지역의 특성과 택시 운행 환경을 반영한 유연한 서비스 설계나 파트너(택시 기사)와의 협력 모델 구축보다는 중앙 통제식 운영이 강합니다. 이는 에어비앤비가 지역의 물리적·문화적 기반까지 포괄하는 확장된 플랫폼 관점에서 혁신 서비스를 기획하는 것과 대조적입니다.

독점적 지위의 남용

"플랫폼이 독점적 지위를 가지면 배차 알고리즘을 악용할 수 있고, 소비자 입장에선 공정한 선택권을 잃게 됩니다." 카카오택시는 국내 시장에서 독점적 지위를 확보한 후, 이를 활용하여 규칙을 일방적으로 정하고 있습니다. 이는 참여자들의 자율성과 창의성을 억압하는 결과를 낳습니다. 결과적으로 카카오택시 플랫폼은 독점적 지위로 인해 발생할 수 있는 '게이트키퍼'로서의 문제점을 드러내며, 진정한 의미의 혁신적인 가치 창출 플랫폼으로 진화하는 데 걸림돌이 되고 있습니다.

제도(거버넌스): “공정성과 지속성을 확보하는 규칙은?”

혁신 서비스는 기존 질서에 대한 도전이기에 혁신과 규제 사이에는 항상 긴장이 존재합니다. 제도는 공정한 경쟁을 보장하고, 소비자를 보호하며, 사회적 가치를 지키는 중요한 역할을 합니다. 카카오택시 서비스는 국내 택시 시장에 혁신을 가져왔지만, 동시에 기존 법규 및 사회적 합의와 불협화음을 일으키며 제도적 측면에서 많은 문제점을 노출하고 있습니다.

법규 위반 의혹

우리나라 택시 관련 법규는 “고객이 빈 택시를 발견하면 택시기사가 승차거부를 할 수 없다”고 명시하고 있습니다. 그러나 카카오택시는 택시가 고객을 선택하는 형식으로 운영되어, 사실상 법규를 우회하는 구조입니다. ‘사실상 법규를 위반하는 형태’로 비춰질 수 있습니다. 이러한 운영 방식은 공정한 거래 질서를 해치고, 승객의 권리를 침해하며, 서비스에 대한 신뢰를 저하시킵니다.

사적 규칙 독점

또한, 카카오택시 내부의 불투명한 운영과 카카오 블루에 대한 특혜 의혹은 플랫폼 거버넌스(Governance)의 실패를 보여줍니다. 다양한 이해관계자가 참여하는 협력 생태계에서는 갈등을 조정하고 지속 가능한 발전을 위한 공정하고 투명한 규칙이 필수적입니다. 그러나 카카오택시 서비스는 플랫폼 운영회사가 사실상 규칙을 정하고, 서비스의 개선도 플랫폼 운영회사의 의지에 달려 있는 구조이므로, 지속 가능한 거버넌스 구축에 어려움을 겪고 있습니다. 이는 규제 샌드박스와 같이 혁신과 규제가 상생할 수 있는 대안적 모델을 모색하기보다, 독점적 지위를 활용하여 기존 제도의 허점을 이용하려는 경향을 보인다는 비판을 피하기 어렵습니다. 결과적으로 신뢰 인프라 구축과 공공성 확보 측면에서 카카오택시 서비스는 혁신 서비스의 중요한 제도적 요소를 충족시키지 못하고 있습니다. 거버넌스 균형이 깨져 있으면 장기적 제도 신뢰와 혁신 모두 위태롭습니다.

서비스 전달: 전달할 가치의 부재

서비스 전달은 고객이 서비스를 인지하고, 신뢰하며, 실제 경험을 통해 만족하도록 만드는 '마지막 1마일+α'의 실행 구조입니다. 이는 신뢰 설계, 품질 실행, 그리고 경험 회복을 아우르는 풀 스택(Full-Stack) 과정입니다. 카카오택시 서비스는 간편한 호출 및 결제 시스템을 통해 '접근성'과 '편의성' 측면에서는 우수한 서비스 전달을 제공하지만, '신뢰', '품질', '경험'이라는 본질적인 가치 전달 측면에서는 가치의 부재로 그 한계가 명확합니다.

품질 관리의 부재

"같은 레스토랑이라도 날씨, 직원의 컨디션, 다른 손님들의 분위기에 따라 경험이 달라지는" 것처럼, 택시 서비스도 다양한 변수가 있습니다. 그러나 카카오택시는 이러한 변수를 관리하거나 개선하는 시스템이 없습니다. 모든 택시가 동일한 서비스를 제공한다고 가정하며, 실제 서비스 품질의 편차를 줄이려는 노력이 부족합니다. 따라서 스토리텔링의 소재가 없다고 할 수 있습니다. 스타벅스가 '원두 산지 스토리'를 전달하고, 에어비앤비가 각 숙소의 독특한 이야기를 강조하는 것과 달리, 카카오택시에는 이러한 스토리텔링 요소가 전무합니다. 각 택시 기사의 전문성, 지역 지식, 특별한 서비스 등이 전달되지 않아 모든 택시가 동일한 상품처럼 취급됩니다.

서비스 경험가치의 선순환 구조 단절

생태계 전체의 서비스 수준 관리 측면에서도, 플랫폼 운영회사가 직영/가맹 택시에 대한 우선권 의혹으로 인해 다른 택시들의 서비스 개선 노력이 저해될 수 있습니다. 디지털 기술(AI 포함)이 실시간 데이터 분석으로 문제를 조기에 발견하고 예방하는 데 활용될 수 있음에도 불구하고, 카카오택시 서비스는 이러한 기술의 잠재력을 서비스 품질 향상과 고객 경험 증진이라는 본질적인 가치 전달에 충분히 활용하지 못하고 있는 것으로 보입니다.

결론: 서비스로서의 한계와 발전의 과제

카카오택시 서비스는 국내 택시 산업에 디지털 전환의 물결을 가져오며 사용자 편의성을 크게 향상시켰습니다. 그러나 "혁신 서비스의 일곱 가지 요소" 관점에서 볼 때, 그 이면에는 여러 가지 한계점과 도전 과제가 존재합니다. 특히, 서비스 본질에서의 문화 예술적 성격의 부재와 택시 서비스 차별성의 미미함은 고객에게 '경험'과 '감성적 가치'를 제공하려는 혁신 서비스의 방향과 거리가 멉니다. 또한, 플랫폼의 독점적 지위로 인한 택시들의 서비스 경쟁 부재, 고객의 선택권 부재, 택시들의 고객 선택 구조(사실상 승차 거부) 등은 협력 생태계의 공정성과 지속 가능성을 저해하며, 국내 택시 관련 법규와 충돌하는 지점까지 발생시키고 있습니다.

디지털 전환 시대에 디지털 기술(AI 포함)은 비용 혁신과 더불어 문화 예술의 가치 혁신 요소가 결합하여 기존의 시설과 다양한 사람들의 가치를 동시에 상승시켜야 합니다. 그러나 카카오택시 서비스는 플랫폼 운영회사가 사실상 규칙을 정하고 서비스 개선이 플랫폼 운영회사의 의지에 크게 의존하는 구조이므로, 택시 서비스의 점진적인 개선을 기대하기 힘든 구조입니다. 이는 협력 생태계 전략의 본질인 제로섬 게임에서 포지티브섬 게임으로의 전환을 이루지 못하고, '가치 소멸'을 넘어 '가치 창조'로 나아가기 위한 중요한 조건들을 충족시키지 못하고 있음을 의미합니다.